"十一五"国家重点图书出版规划项目

·经/济/科/学/译/丛·

Microeconomics as a Second Language

微观经济学思维

玛莎·L·奥尔尼（Martha L. Olney） 著

陈宇峰　姜井勇　译

中国人民大学出版社
·北京·

《经济科学译丛》编辑委员会

学术顾问 高鸿业 王传纶 胡代光
范家骧 朱绍文 吴易风
主　　编 陈岱孙
副 主 编 梁晶 海闻
编　　委（按姓氏笔画排序）
王一江 王利民 王逸舟
贝多广 平新乔 白重恩
刘伟 朱玲 许成钢
张宇燕 张维迎 李扬
李晓西 李稻葵 杨小凯
汪丁丁 易纲 林毅夫
金碚 姚开建 徐宽
钱颖一 高培勇 梁小民
盛洪 樊纲

《经济科学译丛》总序

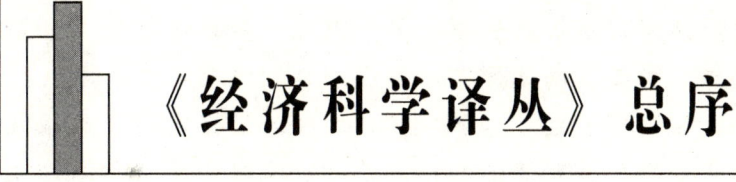

中国是一个文明古国,有着几千年的辉煌历史。近百年来,中国由盛而衰,一度成为世界上最贫穷、落后的国家之一。1949 年中国共产党领导的革命,把中国从饥饿、贫困、被欺侮、被奴役的境地中解放出来。1978 年以来的改革开放,使中国真正走上了通向繁荣富强的道路。

中国改革开放的目标是建立一个有效的社会主义市场经济体制,加速发展经济,提高人民生活水平。但是,要完成这一历史使命绝非易事,我们不仅需要从自己的实践中总结教训,也要从别人的实践中获取经验,还要用理论来指导我们的改革。市场经济虽然对我们这个共和国来说是全新的,但市场经济的运行在发达国家已有几百年的历史,市场经济的理论亦在不断发展完善,并形成了一个现代经济学理论体系。虽然许多经济学名著出自西方学者之手,研究的是西方国家的经济问题,但他们归纳出来的许多经济学理论反映的是人类社会的普遍行为,这些理论是全人类的共同财富。要想迅速稳定地改革和发展我国的经济,我们必须学习和借鉴世界各国包括西方国家在内的先进经济学的理论与知识。

本着这一目的,我们组织翻译了这套经济学教科书系列。这套译丛的特点是:第一,全面系统。除了经济学、宏观经济学、微观经济学等基本原理之外,这套译丛还包括了产业组织理论、国际经济学、发展经济学、货币金融学、公共财政、劳动经济学、计量经济学等重要领域。第二,简明通俗。与经济学的经典名著不同,这套丛书都是国外大学通用的经济学教科书,大部分都已发行了几版或十几版。作者尽可能地用简明通俗的语言来阐述深奥的经济学原理,并附有案例与习题,对于初学者来说,更容易理解与掌握。

经济学是一门社会科学,许多基本原理的应用受各种不同的社会、政治或经济体制的影响,许多经济学理论是建立在一定的假设条件上的,假设条件不同,结论也就不一定成立。因此,正确理解掌握经济分析的方法而不是生搬硬套某些不同条件下产生的结论,才是我们学习当代经济学的正确方法。

本套译丛于1995年春由中国人民大学出版社发起筹备并成立了由许多经济学专家学者组织的编辑委员会。中国留美经济学会的许多学者参与了原著的推荐工作。中国人民大学出版社向所有原著的出版社购买了翻译版权。北京大学、中国人民大学、复旦大学以及中国社会科学院的许多专家教授参与了翻译工作。前任策划编辑梁晶女士为本套译丛的出版做出了重要贡献,在此表示衷心的感谢。在中国经济体制转轨的历史时期,我们把这套译丛献给读者,希望为中国经济的深入改革与发展做出贡献。

《经济科学译丛》编辑委员会

前　言

经济学在我们周围无处不在。它的许多原理显而易见，但是，当你不得不去听学院或大学的"经济学导论"课程时，你却很难搞清楚它究竟是怎么一回事儿，这是因为经济学直觉很难用语言表达出来。

在此，请允许我引用《爱丽丝镜中奇遇记》（*Through the Looking Glass*）一书作者刘易斯·卡罗尔（Lewis Carroll）的一句话：经济学家用文字准确地表达出了那些我们想让他们描述的事物。类似于"理性"这样的词汇有一个精确的词典定义。经济学家以不同的方式使用"理性"一词，意指"和最大化某个目标相一致的行为"。那么，"市场"是什么呢？你可能会认为它是指某个小店，你可以到那里去购买商品，但经济学家却不这么认为。"西红柿市场"并不存在于你所在的当地农贸集市上或百货商店里，因为"市场"是一种理念，一个抽象的意指，它由想要买卖某物的人们的所有行为或潜在行为汇集而成。

"掌握"经济学的关键是要把它看成一门第二语言。正如你学习法语、日语或其他新语言时一样，你必须尝试着去熟悉并精通"经济学语气"（econ-speak）。经济学思维具有直觉性，对它进行表述需要用到第二语言。

关于本书

该书是一本学习微观经济学原理的辅助读物,旨在作为微观经济学教材的一个补充。它并不想取代经济学老师给你指定的教材。你仍然需要参照教材中的案例、应用和问题。

《微观经济学思维》以一种开门见山的形式,将那些你需要掌握的概念、假设和模型化整为零。这里,我采取了一种要点整合的方法,把主要关注点放在微观经济学原理及其表述语言上。

即使到目前为止你还没有上过一堂微观经济学课,本书对你来说也是很有用的。你是否正努力想去了解一些经济学的基本概念和术语呢?你在密切关注当前经济中出现的新形势吗?如果是,那么选择本书就对了!有了它,你将不需要费力地去阅读一本700～900页厚的经济学原理教材了。《微观经济学思维》有助于你迅速掌握这些经济学基础知识。

本书结构

《微观经济学思维》按照标准经济学教材的内容次序进行组织。这样组织有利于它成为教材的一个补充。经济学原理通常需要借助于公式和图形来表述,因此,第1章给出了必备的数学和作图工具。第2章正式切入主题,阐述生产可能性边界(PPF)模型,我们用该模型来决定要生产哪些商品和服务。

在第3章和第4章,我给出了需求和供给模型。需求和供给模型是经济学中最常用到的模型,你肯定想马上就学会它。第3章主要对需求和供给进行基础性分析,第4章包括了它们的一般性扩展。

需求和供给是由什么因素决定的呢?第5章和第6章将会给出答案。消费者理论构成了需求分析的基础,它将在第5章中得到阐述。供给曲线变动的背后推理在第6章中给出。

第6章的部分内容适用于任何经济情形,但也有一些内容只适用于经济学家所谓的"完全竞争"企业:这类企业的规模通常较小,并且由单个家庭所有,它们只能提供一些很难区别于其竞争对手的产品。第7章考察了其他所有类型的企业，即经济学家所谓的"不完全竞争"情形，包括垄断、寡头和垄断竞争。

有时，未经调节的经济体可能达不到社会最优产出水平。因此，第 8 章讨论了外部性和公共产品这两个基本例子。

最后，需求和供给模型也适用于经济学家所说的"要素市场"，即为了获得一定产出所必需的要素（投入品或资源）市场，包括劳动、土地和资本市场，它们在第 9 章中讨论。

本书特点

在每章开头部分，我们列出了本章涉及的重要术语、概念、图形和公式。所有重要概念都用粗体标出。本书附录也列出了全部重要术语。

提示

每章给出的提示强调了那些你必须牢记的概念或必须避免的常见错误。

习题

习题给你提供了测试自己是否已掌握刚刚所学知识的机会，所有答案都能在本书后面找到。

怎样才能更好地学习经济学

经济学和你在海滩上就能轻松阅读（尽管我们鼓励一些海滩爱好者进行这样的尝试！）的小说不同。你在学习经济学时最好拿上一支铅笔。碰到新术语时不要略带而过，要把它们记录下来。不要只看那些图形，要自己动手作一遍。此外，在空白处记下你的备注和疑惑。对你所读的内容也要全神贯注。

要想真正掌握经济学，把它当做空气一样对待很重要。把你看到、读到和听到的所有一切都想成是经济学。认真思考你怎样才能用经济学语言阐释它们。

不要把你自己局限于财经新闻上。只有当你随时随地都能运用经济学时，你才算真正"掌握"它。例如，由于二三十岁的年轻人推迟了结婚时间，结婚率出现下降——贸易收益理论能解释这点。国家监狱的支出预算在何种程度上会抢占教育经费的政治辩论，则可以用生产可能性边界理论解释。在电影《愤怒的葡萄》(*Grapes of Wrath*) 中，为什么乔德一家辛辛苦苦采摘葡萄却仅能获得 5 美分的收入？需求和供给理论可对此做出解释。尽管空气污染和气候异常变化不断加剧，美国人为何还要开车到处跑？外部性理论能够解释这点。

经济学在你身边无处不在。为了能熟练掌握经济学语言，你必须学会用经济学思维看待问题，并且一如既往地这么做。现在，就让我们开始朝这个目标努力。

致　谢

　　这里，作者要向约翰·威立父子出版公司的朱迪斯·约瑟夫（Judith Joseph）深表感谢。她从一开始就对本书的出版计划充满热情。由于在写作期间我的母亲不幸去世，本书迟迟未能脱稿，对此她表现出了极大的耐心。我也要感谢萨拉·弗农（Sarah Vernon）对本书顺利出版所做出的不懈监督。

　　此外，作者感谢那些曾给本书初稿提出过大量有价值的评论和反馈信息的人，他们分别是：昆尼皮亚克大学的利昂·巴蒂斯塔（Leon J. Battista, Quinnipiac University）、佩斯大学的尤金·比特里（Eugenie B. Bietry, Pace University）和劳伦斯·伊克乌茨（Lawrence C. Ikwueze, Pace University）、得州大学阿灵顿分校的凯西·凯莉（Kathy A. Kelly, University of Texas at Arlington）以及佐治亚州立大学的苏珊·劳里（Susan K. Laury, Georgia State University）。

　　当然，最诚挚的感谢要献给 25 年来一直默默支持我的合作者（我的妻子）埃丝特·哈吉斯（Esther Hargis），以及我们的孩子吉米（Jimmy）。为了使我能专心写作，吉米放弃了晚上要我陪他玩耍的时间和睡前要他妈妈陪他一起阅读的时间。

目 录

第1章 经济学分析工具：数学和图形 …………………… 1
    经济学导论 ………………………………………………… 2
    经济模型 …………………………………………………… 3
    数学工具 …………………………………………………… 4
    图形 ………………………………………………………… 7
    结论 ………………………………………………………… 17

第2章 生产可能性边界、经济增长与贸易收益 …………… 18
    生产可能性边界 …………………………………………… 19
    经济增长 …………………………………………………… 24
    贸易收益 …………………………………………………… 26

第3章 需求和供给 …………………………………………… 32
    需求和供给模型概述 ……………………………………… 33
    需求 ………………………………………………………… 34
    供给 ………………………………………………………… 38
    均衡 ………………………………………………………… 42
    均衡的变动 ………………………………………………… 43

第4章　需求和供给模型的扩展 ········ 47
　　价格下限和价格上限 ········ 48
　　消费税 ········ 50
　　消费者剩余和生产者剩余 ········ 56
　　税收的无谓损失 ········ 59

第5章　消费者理论 ········ 61
　　效用最大化 ········ 62
　　预算约束 ········ 68
　　无差异曲线 ········ 70
　　消费者均衡和需求曲线 ········ 73
　　收入效应和替代效应 ········ 76
　　结论 ········ 76

第6章　完全竞争企业 ········ 77
　　产出和利润最大化 ········ 78
　　生产曲线、成本曲线与利润最大化 ········ 79
　　长期平均成本 ········ 83
　　利润最大化 ········ 85
　　行业类型 ········ 85
　　利润 ········ 88
　　停产还是续产？ ········ 90
　　在长期内，经济利润等于零 ········ 91

第7章　不完全竞争 ········ 94
　　垄断 ········ 95
　　垄断竞争 ········ 100
　　寡头 ········ 103

第8章　市场失灵：外部性和公共产品 ········ 109
　　外部性 ········ 110
　　图形分析：负外部性 ········ 111
　　图形分析：正外部性 ········ 113
　　避免政府干预：科斯定理 ········ 114
　　公共产品 ········ 116

第9章　要素市场 ········ 120
　　劳动力市场 ········ 121

劳动供给 …………………………………… 122
　　劳动需求 …………………………………… 123
　　劳动力市场均衡 …………………………… 126
　　劳动力市场模型的误用 …………………… 129
　　土地市场 …………………………………… 130
　　物质资本市场 ……………………………… 132
　　本书结语 …………………………………… 135
习题答案 ………………………………………… 136
词汇表 …………………………………………… 155

第 1 章　经济学分析工具：数学和图形

经济学的研究对象是经济行为，既包括个体经济行为，也包括整体经济行为。本书着重于讲述经济学的语言问题，旨在作为标准经济学原理教材的一个补充。在学习经济学时用到的数学工具是本章的关注焦点。

重要术语和概念

微观经济学	Δ 是指变化幅度
宏观经济学	变化率
总量	二维平面图
实证经济学	横轴
规范经济学	纵轴
经验证据	截断轴
社会科学	曲线
经济模型	斜率
函数符号	直接相关（正相关）
变量	反向相关（负相关）
因变量	直线
自变量	线性曲线

非线性曲线 　　　　　　　　　沿曲线的移动
凹向原点 　　　　　　　　　　曲线的移动
凸向原点

▎经济学导论

经济学分为微观经济学和宏观经济学。**微观经济学**（microeconomics）处理和个体行为有关的问题：个人、单个企业或单一市场。微观经济学要解决的问题包括：

- 什么因素决定了某种产品的价格？
- 企业将生产多少产量？
- 劳动力市场上的工资率由哪些因素决定？

宏观经济学（macroeconomics）处理和团体行为或整体经济行为相关的问题。经济学家有时用**总量**（aggregate）这个词来表示类似的团体。宏观经济学通常被用来分析整个国家的经济状况，例如美国的经济状况。但是，宏观经济学的分析工具也适用于任何总量经济：某个区域或某个州以及某个国家或某个城市的经济。宏观经济学的研究问题包括：

- 什么因素决定了整个经济体的通胀率？
- 什么因素决定了整个经济体的失业率？
- 什么因素决定了经济体的总收入水平？

不管是微观经济分析还是宏观经济分析，都可以分成两大类：实证经济学和规范经济学。**实证经济学**（positive economics）通常回答诸如"该事情如何影响其他事情"这样的问题。例如：居民收入增加如何影响飞机票的价格？家庭支出减少如何影响整个经济体的就业数量？**规范经济学**（normative economics）通常回答诸如"该行为是否应当被采取"这样的问题。例如：市政委员会是否应当采取一项租金管制政策？联邦政府是否应当增加税收？

绝大多数经济分析都属于实证经济分析。实证经济学只要求对某个问题进行分析，而不要求对哪些行为才是最有利于社会的做出判断。规范经济学要求对某种行为做出价值判断。在进行一项规范分析——是否应当采取某种行为——时，我们必须先陈述自己想要达到什么目的。经济学家之间的分歧和规范经济学的"规范性"非常吻合。意见不同的经济学家通常能够就"该政策如何影响整个经济"这样的实证分析达成共识。但是，在"我们的目标是为了缩小差距还是促进增长，或者，是为了降低通胀水平还是创造就业"等最优目标上，经济学家之间往往会产生一些分歧。当你听到经济学家有分歧时，试着听听他们之间的分歧最终是不是都和各自所坚持的社会目标有关。

对**经验证据**（empirical evidence）的使用也是经济学的一项重要内容。经验证据是指那些可以被用来支持某个观点的数据，如统计资料和记录数值等。例如，当家庭开支减少时，人们花在通心粉和奶酪上的支出变化幅度是多少？这里的"多少"是一个实证问题，它需要我们给出数值（经验）答案。

经济学是一门需要用到数学工具的**社会科学**（social science）。它主要研究人类行为问题，所以是一门社会科学。经济学之所以运用大量的数学工具，是因为有关人类经济行为的概念和理论、模型和经验证据通常需要借助于数学形式来表达。

经济模型

经济模型通常被用来回答经济分析中提出的问题。它不同于现实世界中的实物模型，如飞机模型等。相反，**经济模型**（economic model）只是经济学家用来回答或分析问题的形式途径。我们通过经济模型来阐述经济学理念和洞见。

每个经济模型都有三个组成部分：
- 问题。
- 现实世界的简化或抽象。
- 关于经济行为的假设。

只需改变上述三个组成部分中的任何一个，我们便会得到一个迥然不同的经济模型。

例如，假设问题是"什么因素决定了一包酸菜的价格"，那么我们可以用需求和供给模型（第3章）分析。但是，如果问题改成"什么因素决定了失业水平"，那么我们就必须借用另一个不同的模型了。因此，问题发生改变，模型也将改变，经济分析同时也跟着改变。

又如，我们把自己身处其中的复杂现实世界简化成四个部分：居民、企业、政府和其他部门。在做出这个简化假设后，我们就能借用凯恩斯宏观经济学模型（该模型将在本书的对应读本《宏观经济学思维》中介绍）来分析问题了。相反地，如果整个世界被简化成资本家和工人两个群体，那么我们将使用一个完全不同的模型。因此，简化发生改变，模型也将改变，经济分析同时也跟着改变。

再如，我们假设居民主要是基于对退休后能过上体面生活所需的积蓄这一考虑来做出每年的消费支出决定，那么就可以用一个所谓的生命周期模型进行分析。但是，如果我们假设居民每年的消费支出只考虑当年的收入水平，那么将需要一个不同的模型。因此，假设发生改变，模型也将改变，经济分析同时也跟着改变。

经济模型可以用三种方式表示：
- 文字。
- 数学公式。
- 图形。

绝大多数经济模型都可以用其中的两种方式（文字和其他任意一种方式）表示；只有部分模型需要同时用到三种方式。

如果你不太理解文字表述，可以看一下图形。如果你对图形也不太理解，那么请你参照一下公式和文字。一个模型用到的这三种表达方式之间相互强化，相辅相成。你可以把它们看成三种语言，都在阐述同一个经济学理论或洞见。对于任何一个模型，最后你都应该完全理解这三种表述，并且能够把它们前后贯穿起来。

数学工具

在学习经济学原理时，你必须能运用一些数学工具。这里我们给出一些最常用的数学工具。图形工具（在接下来的小节中介绍）可能更有助于你学习经济学。在你熟练掌握这些数学和作图工具前，请不时回过头来重温一下这里的讲解和讨论。

☐ 分数和小数

在经济分析中，我们有时会用到分数，有时会用到小数。你必定希望自己能对它们之间的相互转化得心应手。你也希望很熟练地就能对这些分数进行化简。例如：

- $\frac{30}{40} = \frac{3}{4} = 0.75$。

- $\dfrac{20}{40}=\dfrac{1}{2}=0.5$。
- $0.6=\dfrac{6}{10}$，所以 $\dfrac{1}{0.6}=\dfrac{10}{6}=\dfrac{5}{3}$。

□ 绝对值

在少数情况下，经济学家会用到绝对值这一概念。任何数字（不管它是大于零还是小于零）的绝对值都等于它和零之间的数值距离。任何数字的绝对值都可以用一对竖杆（||）表示。例如 $|4|=4$，$|-4|=4$。

□ 函数符号

许多经济分析可以借助数学公式和符号（或记号）得到简化处理。例如，经济学家用 $q_D=f(p)$ 来表示"你想购买的汽水数量主要取决于它的价格水平"这句话。经济学家总是会说，他们已经用**函数符号**（functional notation）表达出了公式中隐含的经济关系。因此，能够"读懂"数学公式很重要。

当你看到 $q_D=f(p)$ 时，脑海里会出现什么反应呢？如果你只是简单地认为"q_D 等于 f 括号 p"，那么你就很难理解它所表达的经济含义了。如果你把它理解成"q_D 等于一个和 p 有关的函数"，那么你比之前有了进步。但是，要想真正把握 $q_D=f(p)$ 的经济含义，你必须把它理解成"需求量取决于价格"。

能否读懂数学公式主要取决于以下两点：
- 能否把类似于 $f(\ )$ 这样的函数符号翻译成文字。
- 是否清楚字母符号（记号）各自代表的意思。

要弄清楚 q_D、p 和其他更多字母符号代表什么意思，你只需牢牢记住它们就行了。如果你每次都使用相同的符号，那么牢记它们将变得更为容易。你不妨把它们当做4个经济学家来记好了。

提示 ☞

试着在一开始时就把你教材中出现的所有符号列出来。当你的老师提到"价格"时，在笔记本上记下符号"p"。当她提到"质量"时，则记下"q"。

□ 变　量

经济学反复用到"变量"一词。通常情况下,这个词汇在经济学语言中比在现实交谈中具有更多的意思和更复杂的技术含义。**变量**(variable)通常是指那些取值会发生变化的事物。例如,附近杂货店里一包面巾纸的价格在过去 4 个月内可能都未曾变化过,但经济学家仍然认为价格是一个变量,这是因为它的取值可能会出现变化。"价格"是一个变量,我们用符号"p"表示。

存在两种类型的变量:因变量和自变量。**因变量**(dependent variable)的取值取决于**自变量**(independent variable)的取值。例如,假设一个家庭在某月的支出取决于该家庭的收入水平。这里,家庭支出是一个因变量,它的取值取决于家庭收入这个自变量。因为支出和收入的取值都可能发生变化,所以两者都是变量。在任何一种关系中,一般都只存在一个因变量,而自变量的数目通常却不受限制。

□ 代　数

在宏观经济学中,我们经常会用某个未知数来求解一些代数方程。例如,假设 $Y=100+0.6Y$,则 Y 的值是多少?

为求解上式,我们先合并同类项(注意 Y 等同于 $1\times Y$):

$$Y-0.6Y=100$$
$$0.4Y=100$$

接着,把两边同时除以 0.4,即

$$\frac{0.4Y}{0.4}=\frac{100}{0.4}$$
$$Y=250$$

□ △ 是指"变化幅度"

在经济学中,我们会多次提到某个变量值的变化幅度问题。经济学家通常用希腊字母 δ 的大写格式 △ 来表示变化幅度。因此,Δx 应该理解成"x 的变化幅度",ΔY 则表示"Y 的变化幅度"。用 △ 表示"变化幅度"是做课堂笔记时需要用到的另一种简化处理技巧。

❑ 计算变化率

在某些情形下，我们需要计算一个变量的**变化率**（rate of change），或者计算它在两个取值之间的变化百分比。例如，当 Q 从 50 增加到 60 时，它的变化率是多少？

计算变化率的一般公式是：

$$\frac{\text{新的取值} - \text{旧的取值}}{\text{旧的取值}}$$

因此在上例中，Q 的变化率是 $(60-50)/50 = 10/50 = 0.2$，或 20%。

习题 ☞

（所有习题的答案，参见本书后面。）

试着回答以下问题：

1. 令 $Y = 350 + 0.3Y$，求 Y 的值。
2. 当收入从 100 增加到 110 时，它的变化率是多少？
3. 当收入从 110 降低到 100 时，它的变化率是多少？

图 形

翻阅任何一本经济学原理教材，你都将看到大量的图形。在学习经济学的过程中，养成作图、读图和分析图形的习惯非常重要。

❑ 基础知识

几乎所有经济学图形都是**二维平面图**（two-dimensional graph）——一种只用两个变量来分析问题的图形。一张二维平面图包括**横轴**（horizontal axis）和**纵轴**（vertical axis），两者相交之处称为"原点"。在横轴上，变量的取值范围包括从原点左边的所有负数到原点右边的所有正数。在纵轴上，变量的取值范围包括从原点下方的所有负数到原点上方的所有正数。

图形上的任何一点都同时对应于两个变量值。我们不妨举个例子，令变量 d 取纵轴上的数值，变量 w 取横轴上的数值。那么，图 1—1 中的点 A 将同时表示一个负的 w 值（位于原点左边）和一个负的 d 值（位于原点下方）。点

B 则表示一个正的 w 值（位于原点右边）和一个负的 d 值（位于原点下方）。

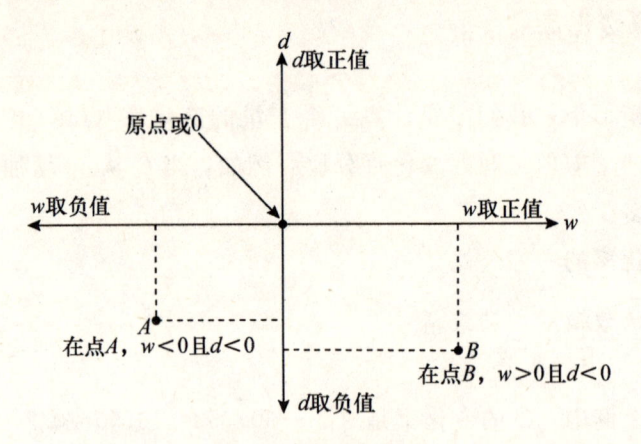

图 1—1 二维平面图

二维平面图描述了两个变量之间的关系。横轴和纵轴相交于原点。图形上任意一点对应于两个变量值。图中，点 A 表示一个负的 w 值（$w<0$）和一个负的 d 值（$d<0$）。

横轴和纵轴把图形分成 4 个部分，我们称这 4 个部分为区间或象限。因为经济学中绝大多数变量的取值都为正，所以我们几乎只需要用到右上方的第一区间。因此，你看到的大多数经济学分析图形一开始时都如图 1—2 所示。

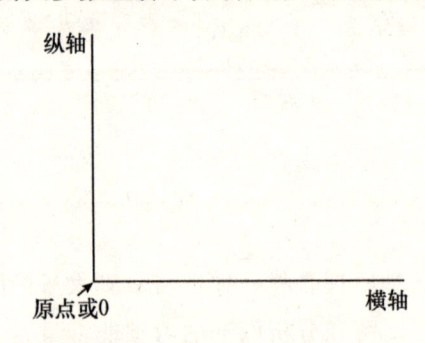

图 1—2 二维平面图的右上方区间

因为经济学中绝大多数变量的取值为正，所以经济学中的图形通常只用到二维平面图的右上方区间。

借助于我们在高中时学到的数学知识，一些书本通常会把横轴和纵轴分别叫做"x 轴"和"y 轴"。你在使用这两个词时需引起注意，因为经济学中也有 X（通常是指出口）和 Y（通常是指收入），但它们并不总是由 x 轴和 y 轴来对应表示。如果你只使用横轴和纵轴这两个词，那么你就不容易把它们与 X 和 Y 混淆了。

□ 描　点

只要具备了关于两个变量的信息（数据），我们便能把这些数据描在一张图形上。例如，假设我们掌握了不同教育程度人群在2003年的人均收入所得信息，那么我们便可以用一句（烦琐的）话来表述这些信息：在2003年，高中学历人群的平均收入为28 000美元，大学学历人群的平均收入为51 000美元，硕士学历人群的平均收入为62 000美元。

或者，我们也可以用一张表格来说明上述信息。

表1—1　　　　　　　　　　　收入随教育程度增加

最高教育程度	受教育年限	2003年平均收入
高中	12	28 000美元
大学	16	51 000美元
硕士	18	62 000美元

资料来源：U. S. Census Bureau, *Statistical Abstract of the United States*：*2006*，Table 217.

显然，和一句烦琐的话相比，我们更容易从表中看出以下信息——更高的教育程度意味着更高的收入。那么，我们如何用图形来描述这一相同的信息呢？

为了描出各个数据所对应的点，我们不妨用横轴表示其中的一个变量，用纵轴表示另一个变量。在经济学中，自变量通常（但不完全）用横轴表示，因变量用纵轴表示。因变量由自变量决定。

如图1—3所示的每一个点都对应于一组数值。例如，点A表示受过12年教育（由横轴表示）人群的平均收入为28 000美元（由纵轴表示）。点C表示受过18年教育人群的平均收入为62 000美元。

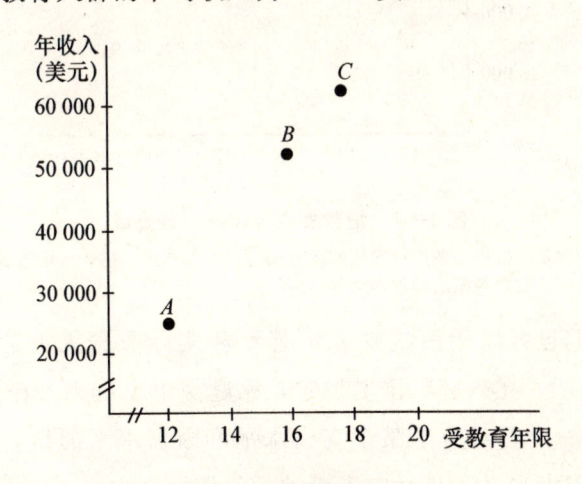

图1—3　描出数据点

图中，每一个点对应于一组数值。纵轴表示年收入，横轴表示受教育年限。例如，点A表示受过12年教育人群的年收入为28 000美元。

□ 截断轴

读者需注意到我们图形中的横轴和纵轴是被截断的。一条截断轴省略了 0 和某个数值之间距离的精确表示。图 1—3 中，我们用靠近原点的两个 "//" 符号来表示横轴和纵轴是**截断轴**（truncated axis）。显然，横轴截断了 0 和 12 年之间的距离，纵轴截断了 0 和 20 000 美元之间的距离。

□ 曲　线

有时，变量之间的关系可以通过一条**曲线**（curve）而不是几个散点来表示。一条曲线（可能是一条完整的直线，也可能不是）能够把实际数据连接起来。在图 1—4 中，如图 1—3 所示的数据就被连接成了一条直线。

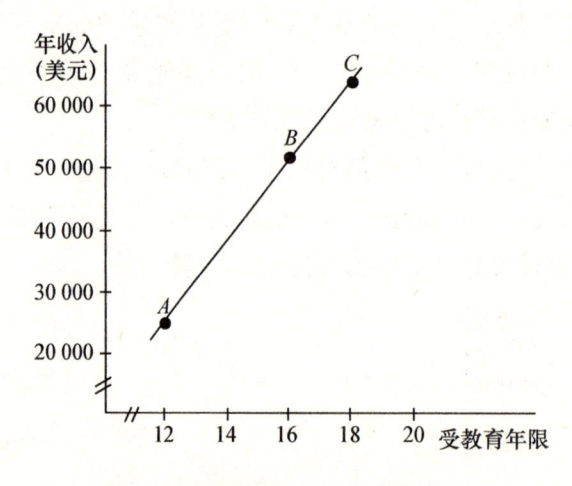

图 1—4　把数据点连接成一条直线

两个变量之间的关系可以由一条连接相应数据点的直线（或曲线）描述。根据表 1—1 中的数据，图中直线表明年收入将随受教育年限的增加而增加。

当然，我们也可以用曲线来表示某种和实际数据无关的变量关系。例如，图 1—5 表明，在家庭财富增加时，家庭支出也更高。在图 1—5 中，类似于 A 这样的一个点对应于某个支出水平和财富水平的组合。点 A 横对应于纵轴的值即支出水平，竖对应于横轴的值即财富水平。因此，点 A 表示财富水平为 A_1、支出水平为 A_2 的一个组合。点 B 则表示财富水平为 B_1、支出水平为 B_2 的一个组合。

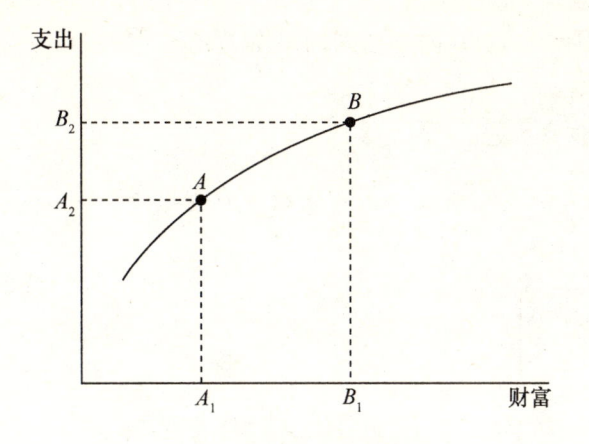

图 1—5 没有确切数值的图形

在经济学作图中，我们有时并不需要知道两个变量的确切数值。例如，只要清楚富裕家庭通常会花费比贫穷家庭更多的钱，我们就能作一条曲线来表示这种关系。图中曲线表明支出将随财富的增加而增加，但增加的速度会越来越慢。

□ 读 图

能"读懂"一张图和能读懂一个数学公式一样重要。当你看到图 1—5 时，你脑海中浮现出了哪些信息（还是一片茫然）呢？一种可能的情况是，你马上就认出了这是一张由纵轴表示支出、横轴表示财富水平，且有一条向上倾斜的曲线共同组成的图。这样理解没错，但对你并没多大的帮助。

另一种可能的情况是，你把这张图所要表达的意思理解成"支出取决于财富水平"。同样地，你的理解也没错，但是仍不够完整。

这里，最好的理解应该是：支出将随财富的增加而增加，但其增加的幅度却越来越小。

□ 斜 率

有时，计算某条直线的斜率或曲线上某两点之间的斜率是很必要的。我们当中的绝大多数人高中时就学会了计算斜率的公式，即**斜率**（slope）等于纵轴上的距离除以横轴上的距离。或

$$斜率 = \frac{纵轴距离}{横轴距离}$$

在本书中，上述公式仍然成立。纵轴距离即为两点之间分别对应于纵轴上的变化值，横轴距离即为两点之间分别对应于横轴上的变化值。

图 1—6 中，点 A 和点 B 之间的"纵轴距离"是 $6-4=2$，"横轴距离"

是 3－2＝1。因此，A、B 两点之间的斜率为：

$$\frac{纵轴距离}{横轴距离}=\frac{\Delta y}{\Delta x}=\frac{6-4=2}{3-2=1}=2$$

(Δ 是希腊字母 δ 的大写格式，指变化幅度或变化值。)

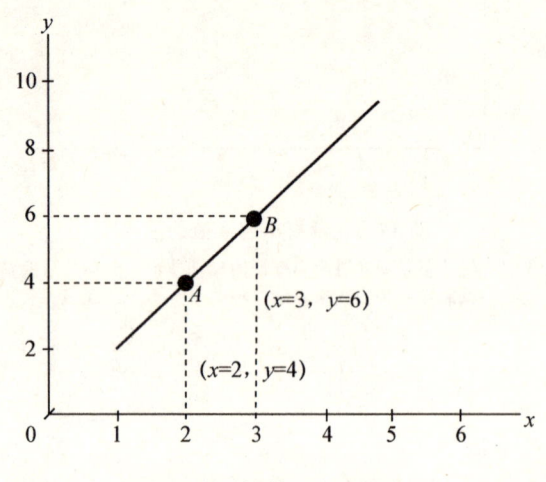

图 1—6 计算一个正斜率

任意两点之间的斜率都等于"纵轴距离除以横轴距离"。纵轴距离即变量在纵轴上的变化幅度，横轴距离即变量在横轴上的变化幅度。图中，从点 A 到点 B，纵轴 y 的对应值由 4 变大到 6，即纵轴距离 $\Delta y=6-4=2$；横轴 x 的对应值由 2 变大到 3，即横轴距离 $\Delta x=3-2=1$。因此 A、B 两点之间的斜率＝2/1＝2。

□ 正的斜率或负的斜率

当斜率如图 1—6 所示为正时，我们就称两个变量之间**直接相关**（directly related）或**正相关**（positively related）。随着气温上升（x 变大），会有更多的人（y 变大）选择喝柠檬汁。因此，经济学家认为，气温和柠檬汁消费之间是正相关的。

当斜率如图 1—7 中所示为负时，我们就称两个变量之间**反向相关**（inversely related）或**负相关**（negatively related）。随着气温上升（x 变大），只有更少的人（y 变小）会选择购买羊毛大衣。因此，经济学家认为，气温和羊毛大衣销售量之间是负相关的。

习题

4. 图 1—7 中所示直线的斜率为多少？

因为图形上点的连线可以是一条**直线**（straight line），所以有时我们把它叫做**线性曲线**（linear curve）。直线上任意两点之间的斜率都相同，它是

一个常数。

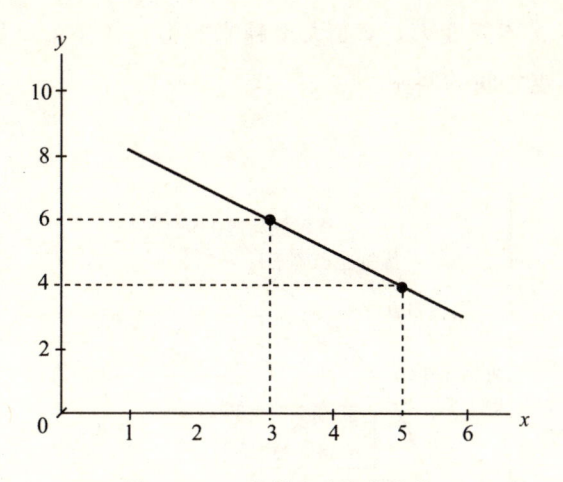

图1—7 一条斜率为负的直线

当两个变量之间反向相关或负相关时，直线将自左上方向右下方倾斜。随着横轴表示的变量越来越大，纵轴表示的变量越来越小。

□ 非线性曲线

显然，图形上点的连线也可能是弯曲的，即它不是一条直线，有时我们把它叫做**非线性曲线**（nonlinear curve）。曲线上任意两点之间的斜率会发生变化。图1—8a中所示的曲线具有一个递增的正斜率，即y随x的变大而变大，且随着x不断变大，y变大得越来越快。图中C、D两点之间的斜率大于A、B两点之间的斜率。

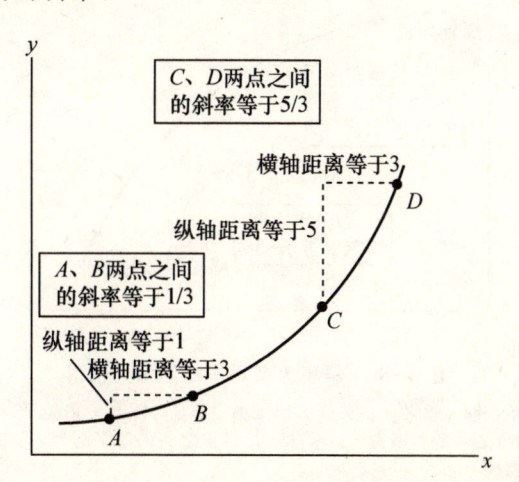

图1—8a 斜率为正且不断递增的情形

图中曲线的斜率为正，即y值随x值的变大而变大。并且，随着x值越来越大，斜率值也越来越大。例如，A、B两点之间的斜率为1/3，C、D两点之间的斜率则为5/3。

图1—8b中所示的曲线具有一个递减的正斜率,即 y 随 x 的变大而变大;但是,随着 x 不断变大,y 变大得越来越慢。图中 C、D 两点之间的斜率小于 A、B 两点之间的斜率。

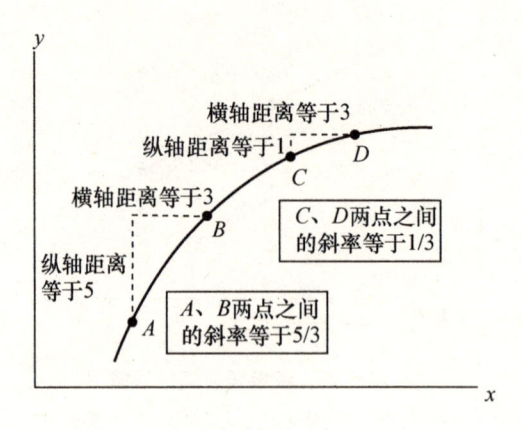

图1—8b 斜率为正且不断递减的情形

图中曲线的斜率为正,即 y 值随 x 值的变大而变大。但是,随着 x 值越来越大,斜率值却越来越小。例如,A、B 两点之间的斜率为 5/3,C、D 两点之间的斜率则为 1/3。

图1—8c中所示的曲线具有一个(绝对值)递增的负斜率,即 y 随 x 的变小而变小,且随着 x 不断变大,y 变小得越来越快。有时,我们也把这类曲线叫做凹向原点(concave to the origin)的曲线。图中 C、D 两点之间的斜率(的绝对值)大于 A、B 两点之间的斜率(的绝对值)。

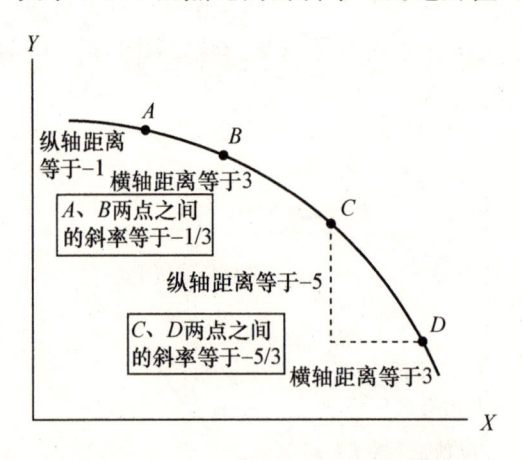

图1—8c 斜率为负且不断递增的情形

图中曲线的斜率为负,即 y 值随 x 值的变大而变小。并且,随着 x 值越来越大,斜率的绝对值也越来越大。例如,A、B 两点之间的斜率为 $-1/3$,C、D 两点之间的斜率则为 $-5/3$。我们有时也把这种曲线称为"凹向原点"的曲线。

图1—8d中所示的曲线具有一个(绝对值)递减的负斜率,即 y 随 x 的变大而变小,且随着 x 不断变大,y 变小得越来越慢。有时,我们也把这类

曲线叫做**凸向原点**（convex to the origin）的曲线。图中 C、D 两点之间的斜率（的绝对值）小于 A、B 两点之间的斜率（的绝对值）。

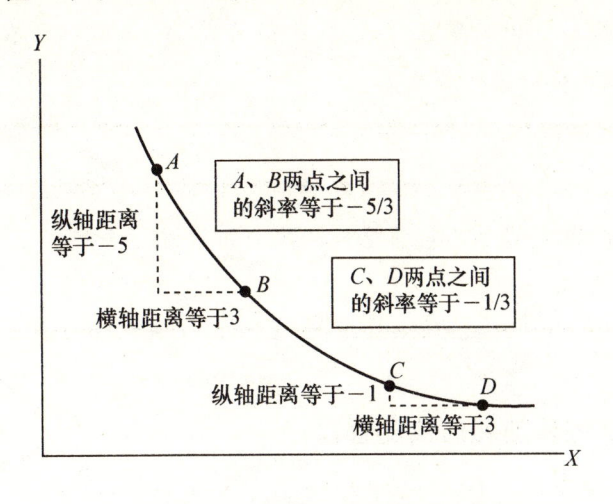

图 1—8d　斜率为负且不断递减的情形

图中曲线的斜率为负，即 y 值随 x 值的变大而变小。但是，随着 x 值越来越大，斜率的绝对值却越来越小。例如，A、B 两点之间的斜率为 $-5/3$，C、D 两点之间的斜率则为 $-1/3$。我们有时也把这种曲线称为"凸向原点"的曲线。

习题

在学习经济学时，你应该试着把文字和图形融会贯通起来。根据以下陈述，分别作图：

5. 需求量随价格的上涨而下降（纵轴表示价格，横轴表示需求量）。

6. 支出随财富的增加而增加，但增加的幅度越来越小（纵轴表示支出，横轴表示财富）。

7. 随着工人数量的不断增加，其边际产出一开始也增加，但随后便会减少（纵轴表示边际产出，横轴表示工人数量）。

8. 收入任何时候都和总支出相等（纵轴表示总支出，横轴表示收入）。

9. 当失业率较低时，通胀率较高；当失业率较高时，通胀率较低（纵轴表示通胀率，横轴表示失业率）。

10. 供给量随价格的上涨而增加（纵轴表示价格，横轴表示供给量）。

11. 对一家垄断企业而言，随着产量的不断增加，边际收益曲线的倾斜度将比平均收益曲线更大（纵轴表示边际收益和平均收益，横轴表示产量；你需要画两条曲线）。

12. 当黄油产量从 2 000 单位减少到 1 900 单位时，枪支产量从 10 单位增加到 20 单位。但是，当黄油产量从 1 000 单位减少到 900 单位时，枪支产量却只是从 80 单位增加到 82 单位（纵轴表示黄油产量，横轴表示枪支产量）。

13. 当价格为 5 时,供给量为 13;当价格为 8 时,供给量增加到 19(纵轴表示价格,横轴表示供给量)。

14. 当价格为 5 时,需求量为 40;当价格为 10 时,需求量降低到 30(纵轴表示价格,横轴表示需求量)。

提示

当你碰到相互之间存在某种关系的两个变量时,不妨作一张图看看它们究竟是什么关系。

□ **沿曲线的移动和曲线的移动**

经济学家喜欢用**沿曲线的移动**(move along a curve)和**曲线的移动**(shift of a curve)这两种说法。当我们提到沿某条曲线"移动"时,我们是指两点之间的移动。如图 1—9a 所示,如果价格从 p_A 变成 p_B,那么数量将从 q_A 变成 q_B。我们把这称做曲线上点的移动(在有些书中,也称做滑动)。

如果是曲线本身的"移动",那么两个变量之间的整个关系都将发生改变。如图 1—9b 所示,假设和原来相比,现在对应于每一个价格水平的产量都出现了增加,那么曲线将从 D_1 移动到 D_2。事实上,此时第一条曲线 D_1 已经不存在了。有时,我们习惯把移动后的新曲线画得更粗一点。

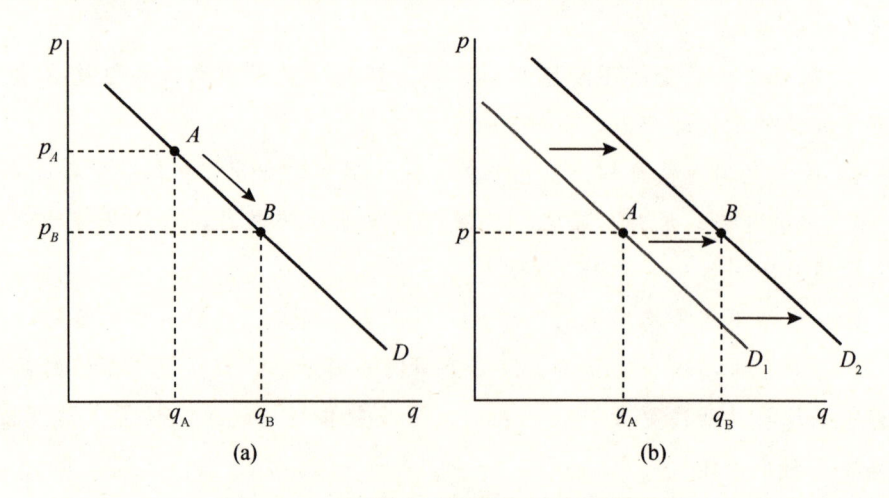

图 1—9 (a) 沿曲线的移动;(b) 曲线的移动

当提及曲线上两个不同的点时,我们是指"沿"曲线的移动。在图 1—9(a)中,随着价格 p 的下降,产量 q 将从点 A 移到一个更高的点 B 处。当需要作一条全新的曲线时,我们是指曲线本身的"移动"。在图 1—9(b)中,对应于任何一个价格 p,产量 q 都出现了增加,因此我们得到一条崭新的曲线 D_2。

那么，我们如何判断是应该沿曲线移动还是移动曲线本身呢？一种简单的方法是：只要自变量是由横轴或纵轴之一的变化来衡量的，此时就应该是沿曲线移动。如果自变量不是由横轴或纵轴之一的变化来衡量的，此时就应该是移动曲线本身。

■ 结　论

本章为经济学中用到的数学工具提供了一个简单的介绍。当你在后面章节中碰到更复杂的数学分析工具时，不妨回过头来再读一读本章的内容。如果你还是懵懵懂懂，那么不妨去找一本数学书参考一下。现在，我们正式开始学习经济学的真知灼见。

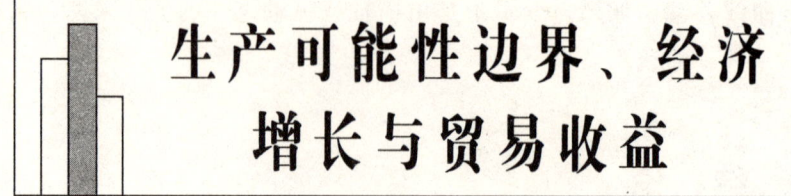

第 2 章　生产可能性边界、经济增长与贸易收益

生产可能性边界（PPF）模型是一个简单但却具有强大解释力的经济模型。经济增长和贸易收益理论都能通过该模型得到阐述。

重要术语和概念

生产可能性边界（生产可能性曲线）　　无效率的
资源　　　　　　　　　　　　　　　　不可实现的
稀缺性　　　　　　　　　　　　　　　经济增长
权衡　　　　　　　　　　　　　　　　生产力
机会成本　　　　　　　　　　　　　　贸易收益
放弃　　　　　　　　　　　　　　　　李嘉图模型
机会成本递增法则　　　　　　　　　　比较优势理论
可实现的　　　　　　　　　　　　　　绝对优势
有效率的　　　　　　　　　　　　　　比较优势

重要图形

生产可能性曲线图
生产可能性曲线移动图

线性生产可能性曲线图

重要公式

机会成本计算公式

■ 生产可能性边界

生产可能性边界（production possibilities frontier，PPF）是一个关系到稀缺资源如何进行配置的模型。它可以被用来分析个人行为，也可以被用来分析公司行为，但是，最通常的做法是用它来分析整个经济。在某个给定的时期内，一个经济体利用所有它可以利用的资源能取得哪些潜在的产出组合呢？

资源（resource）是指那些可以被用来生产商品和服务的东西。粗略归类如下：

- 劳动或时间。
- 资本（机器和厂房）。
- 土地或自然资源。
- 知识或技术。

资源通常被认为具有**稀缺性**（scarce），这是因为每种资源的数量在任意给定时刻都是固定和有限的。一天只有 24 小时。在一个给定的时间段内，整个社会也只有固定数量的可得劳动力、机器和厂房，以及总量既定的自然资源和特定层次的知识结构。

资源必须得到配置，因为一旦资源（比方说你自己）被用于某项活动后，就不能同时被用来从事其他活动。你可以把接下去的一分钟时间用来学习经济学或化学，但你不能同时兼顾两者。你脚底下的土地可被用来从事农业生产或建造房子，但你不能同时兼顾两者。因此，我们必须对资源进行合理配置。

生产可能性边界模型隐含着一个重要的简化假设，即经济体只生产两种类型的商品。尽管做出了这一不符合现实的假设，但我们仍然可以得出一些同稀缺性和资源配置有关的有价值的分析。这个假设并不会削弱这里分析的理论精髓。因此，我们假设经济体只生产两种商品。

提示 ☞

生产可能性边界模型通常只考察两种类型的商品，不多也不少。

因为资源不可能通用于所有生产活动,所以我们面临如何权衡或取舍的问题。土地可以被用来种植粮食或建造厂房。如果更多的土地被用来种植粮食,那么更少的土地将被用来建造厂房。为什么会这样呢?因为土地的数量有限。

如果你把接下来的一小时用来学习经济学,那么你就不能用它来学习化学了。你面临着一个选择,或经济学家所说的**权衡**(tradeoff)。

经济学家把这样的权衡称为**机会成本**(opportunity cost)。一项活动的机会成本是指你为了从事该项活动所**放弃**(forego)(未能去做)的其他的最佳活动选择。假如你没有把这个小时用来学习经济学,你会把它用来做什么呢?这里的"做什么"便是你学习经济学的机会成本。

因为资源——劳动或时间,资本、土地或自然资源,知识或技术——是有限的,所以每项活动都存在一个机会成本。这没有例外。在生产可能性边界模型中只存在两种生产活动,所以一种生产活动的机会成本由放弃(未能去做)的另一种生产活动的产出来衡量。

我们最好借用一个例子来阐述生产可能性边界模型。不妨假设两种生产活动的产出分别是枪支(军用品)和黄油(非军用品)。如果我们把资源用来制造枪支,那么我们将不得不放弃(损失)一些黄油产量。例如,假设经济体在开始时每周能生产 10 000 把枪支和 15 000 磅黄油。在接下来的一个星期里,我们把更多的资源用来制造更多的枪支,那么额外增加的枪支的机会成本便是我们不得不放弃的黄油产量。

阐释这点的方式之一是借助于下列数值例子。假设在现有既定资源的情况下,经济体能够生产出任何如表 2—1 所示的枪支和黄油组合。

表 2—1　　　　　　　　生产可能性:枪支和黄油

枪支(把)	0	5 000	**10 000**	**15 000**	20 000
黄油(磅)	75 000	65 000	**50 000**	**30 000**	0

当枪支数量从 10 000 把增加到 15 000 把时,我们必须放弃(未生产)多少黄油呢?注意观察表中的粗体数值。我们放弃了 50 000 - 30 000 = 20 000 磅黄油产量。因此,经济学家认为枪支数量从 10 000 增加到 15 000 的机会成本是 20 000 磅黄油。

习题

(所有习题的答案,参见本书后面。)

试着回答下列问题:

1. 根据表2—1中的数据，当枪支数量从15 000把增加到20 000把时，机会成本是多少？

2. 根据表2—1中的数据，当黄油数量从65 000磅增加到75 000磅时，机会成本是多少？

资源在不同事物上的使用价值是不尽相同的。适宜种植沙漠仙人掌的一英亩土地不一定适宜种植粮食。一个高技能电工也不一定适合做服装设计。一辆小车显然不能被人们当成耕田机器来使用。在某些生产活动中，资源通常具有比在其他活动中更大的使用价值。经济学家有时会说：资源并不具有通用性。

因为资源在某些生产活动中具有更大的使用价值，所以把它们从某处转向另一处的机会成本并不是一成不变的。假设经济体在开始时能生产10 000把枪支和50 000磅黄油，此时，如果我们需要制造更多的枪支，那么应该从黄油生产中抽出多少资源呢？明智的（经济学家称为"有效率的"）做法是把那些在黄油生产中价值相对较低的资源转移到枪支制造中来，让那些最有价值的（经济学家称为"最有效率的"）资源用于黄油生产。

但是，如果每次想增加枪支数量时我们都把那些在黄油生产中价值相对较低的资源转向枪支制造，那么慢慢地我们便会把越来越有价值的黄油生产资源转向枪支制造。所以，随着我们每次都把资源从生产黄油转向枪支制造，我们将不得不放弃越来越多的黄油数量。经济学家把这称为**机会成本递增法则**（law of increasing opportunity cost）。

表2—1中的数据可以阐述这个法则（经济学家所谓的"法则"，是指它在通常情况下几乎是正确的）。

我们把生产黄油的部分资源转向枪支制造，以便能得到5 000（而不是0）把枪支，那么增加的5 000把枪支的机会成本将是75 000－65 000＝10 000磅黄油。我们现在继续转移资源，生产10 000把枪支而非5 000把，现在第二批5 000把枪支的机会成本为65 000－50 000＝15 000磅黄油。

表2—2描述了把资源转向枪支制造的机会成本。

表2—2　　　　　资源从黄油生产转向枪支制造的机会成本

枪支（把）	0	5 000	10 000	15 000	20 000
放弃的黄油（磅）		10 000	15 000	20 000	30 000

从10 000到15 000，枪支数量增加了5 000，这5 000把枪支的机会成本

是 20 000 磅黄油；从 15 000 到 20 000，枪支数量同样增加了 5 000，但这 5 000 把枪支的机会成本却是 30 000 磅黄油。从 20 000 磅增加到 30 000 磅很清楚地阐释了机会成本递增法则。

我们只需画一张生产可能性曲线图，所有这些概念便能在一条简单的曲线上得到描述。

在图 2—1 中，我们先标出和表 2—1 中的数值相对应的 5 个点，然后把它们连成一条平滑的曲线。这条平滑曲线即我们所谓的**生产可能性边界**（或**生产可能性曲线**）(production possibilities frontier)。

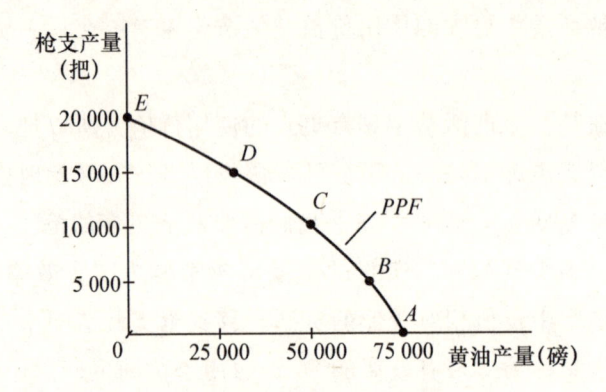

图 2—1 枪支和黄油的生产可能性曲线

生产可能性曲线用来描述一个经济体利用其现有的可得资源所能实现的产出组合。图中点 A 对应于 75 000 磅黄油和 0 把枪支的组合。点 C 对应于 50 000 磅黄油和 10 000 把枪支的组合。点 E 对应于 0 磅黄油和 20 000 把枪支的组合。

也可参见表 2—3 给出的产出组合数据。

假设只存在两种类型的产出，则用一个简单的二维平面图就能画出生产可能性曲线。横轴和纵轴分别表示某个时期内两种商品的各自产量。在我们的例子中，它们分别是指一周之内生产的枪支和黄油数量。这里对时间段的选择是无关紧要的，你只需清楚生产可能性曲线是在某个有限的时间段内画出的就行。

生产可能性曲线是向下倾斜（**斜率为负**）(negative slope) 的，这给出了两种产出类型之间的权衡关系。它的弯曲（**非线性**）(nonlinear) 形态描绘出了机会成本递增法则。经济学家通常会说，生产可能性曲线是"向外凸出"或"凹向原点"的。

提示 ☞

哪条坐标轴表示哪种商品是无关紧要的。交换枪支和黄油的坐标轴后，生产可能性曲线仍然具有和原来相同的形状——从原点向外凸出。

表 2—3　　　　　　　　描出产出组合点

枪支（把）	0	5 000	10 000	15 000	20 000
黄油（磅）	75 000	65 000	50 000	30 000	0
字母符号	A	B	C	D	E

习题

根据下表中的数据，回答下列两个问题：

| 大米（蒲式耳） | 0 | 5 000 | 8 000 | 10 000 | 11 000 |
| 玉米（蒲式耳） | 20 000 | 15 000 | 10 000 | 5 000 | 0 |

3. 画一条生产可能性曲线，纵轴表示玉米产量，横轴表示大米产量。
4. 试问这些数值是否阐释了机会成本递增法则？

图 2—2 中给出了一条不需要确切数值的生产可能性曲线通常所具有的形状。因为任何一项活动都有一个机会成本，所以图中曲线是向下倾斜（左高右低）的。要想多生产其中的一种商品，就必须少生产另一种商品。由于存在机会成本递增法则，它是一条从原点向外凸出或凹向原点的非线性曲线（而不是一条直线）。在不同的场合，资源的用途也不尽相同。

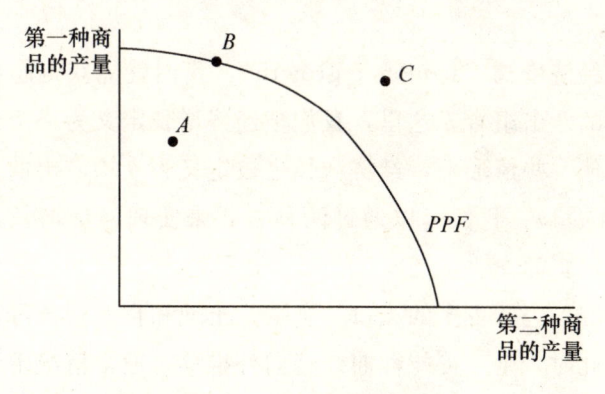

图 2—2　生产可能性曲线

由于任何一项活动都存在机会成本，所以生产可能性曲线是向下倾斜的。两种商品的生产之间存在权衡。如果增加第一种商品的生产，则必须减少第二种商品的生产。图中生产可能性曲线是非线性的，向外凸出，即所谓的凹向原点。额外增加的第二种商品的机会成本即为放弃的第一种商品的产量。随着第二种商品生产的数量越来越多，机会成本将不断上升。

生产可能性曲线以内的任意一点（如图 2—2 中的点 A）或曲线上的任意一点（如图中的点 B）都对应于现有资源下的一种产出组合，经济学家通常称之为**可实现的**（attainable）产出组合。曲线上的任意一点（如图中的点 B）对应于所有资源都被耗尽时的一种产出组合，经济学家通常称之为**有效率的**（efficient）产出组合。曲线以内的任意一点（在曲线和坐标轴围成的区间以内，不包括曲线上，如点 A）对应于存在资源闲置情形下的一种产出组合，经济学家通常称之为**无效率的**（inefficient）产出组合。曲线以外的任意一点（在曲线右上方，如点 C）对应于凭现有资源无法取得的一种产出组合，经济学家通常称之为**不可实现的**（unattainable）产出组合。

习题

5. 画一张生产可能性曲线图，标出以下4点：
   a. 表示一种可实现的产出组合；
   b. 表示一种有效率的产出组合；
   c. 表示一种无效率的产出组合；
   d. 表示一种不可实现的产出组合。
6. 试问一种产出组合能否既是有效率的，又是不可实现的呢？

经济增长

如果存在**经济增长**（economic growth），我们就能获得超出现有生产可能性边界之外的产出组合。这里，我们把经济增长定义为一个经济体总产出的增加（在其他一些情形下，经济增长也被定义为人均产出的一个增加，即把总产出除以人口）。我们可以通过两种方式来实现经济增长：更多的资源或更多的生产性资源。

更多的资源，包括更多的人口、资本、土地和自然资源等，使更多的产出成为可能。此时，生产可能性曲线将向外推移。通常情况下，这条新的生产可能性曲线和原来的非常相似，如图2—3所示。

但是，现有可得资源的一个下降则会给经济增长造成负面影响，例如，在干旱、饥荒等自然灾害时期可能发生的情形。由于此时只有较少的可得资源，产出将出现下降，从而使生产可能性曲线向原点靠近。

如果利用同样的资源能获得更多的产出，经济学家就称**生产力**（productivity）得到了提高。例如，工人们在得到更好的培训后，单位小时的产出便会提高。机器的装备得到改善后，其单位小时的产出也会提高。而如果合理施肥，每英亩土地的粮食产量显然也会增加。生产力的提高使经济增长成为可能，由此我们将获得更多的产出。

如果生产力提高对所有生产活动具有同等的影响，生产可能性曲线将如图 2—3 所示的那样向外移动。例如，更多的教育培训提高了工人的整体生产力水平。

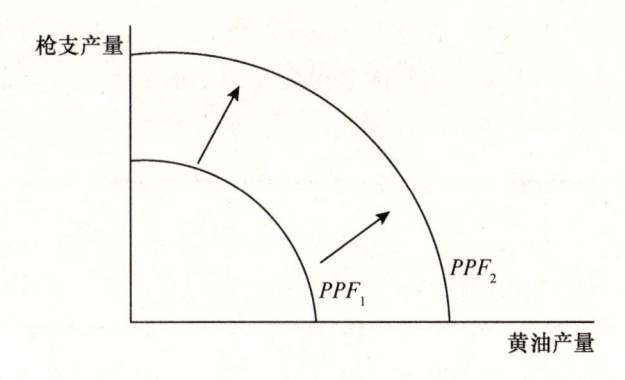

图 2—3 经济增长

经济增长表现为生产可能性曲线的外移。更多的资源意味着能生产出更多的枪支和黄油。图中新的生产可能性曲线 PPF_2 落在原有生产可能性曲线 PPF_1 的右上方。

但是，生产力提高有时只会给某种产出类型带来更大的影响。例如，假设我们开发出了一项生产黄油的新技术。此时，如果我们把所有资源都用来生产黄油，则黄油的最大产量无疑会增加。但是，如果我们把所有资源都用来制造枪支，枪支的最大产量显然不受任何影响。图 2—4 中给出了这条新的生产可能性曲线。它在纵轴上的起点不变，表明现有资源在新技术下生产的最大枪支产量不变；但它在横轴上的终点却向右移动了，表明现有资源在新技术下生产的最大黄油产量得到了提高。

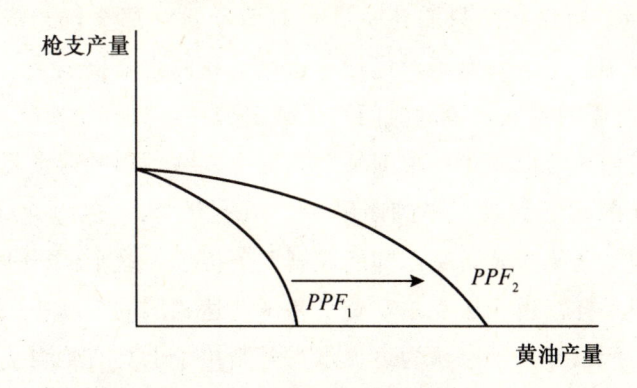

图 2—4 非对称的经济增长

经济增长有时只出现在某些产出中，而没有出现在其他产出中。一个只影响黄油产出（却不影响枪支产出）的生产力的提高，意味着经济体能生产出更多的黄油，而枪支的最大产出仍保持不变。所以，此时生产可能性曲线和横轴（表示黄油产量）的交点向右移动，和纵轴（表示枪支产量）的交点不变。把这两点连成一条曲线，我们便可得到图中所示新的生产可能性曲线 PPF_2。

贸易收益

国际贸易是获得超出生产可能性边界的产出组合的另一种途径。概括地说，如果某国只专注于生产那些它比较擅长的商品，并把它们和其他国家的其他商品进行交换，那么该国将能获得更高的产出水平——这正是存在**贸易收益**（gains from trade）的基本推理。

> **提示**
>
> 部分书籍把这个话题留在国际贸易一节中论述，其他一些书籍则把它放在生产可能性边界一章中。

若能集中资源从事专业化生产，那么相比于自给自足地生产所有商品，我们将会获得更多的产出。经济学家把这称为贸易收益。这个概念的提出要归功于19世纪的英国经济学家大卫·李嘉图（David Ricardo）。部分经济学家把这里阐述的贸易收益理论称为**李嘉图模型**（Ricardian model），另一些经济学家则称之为**比较优势理论**（theory of comparative advantage）。

甚至当某个经济体在所有方面的生产力都比另一个经济体高时，这种贸易收益也是存在的。如果某个经济体（或个人）能用较少的资源获得和另一个经济体（或个人）相同的产出水平，经济学家便称该经济体具有一种**绝对优势**（absolute advantage）。

我们举个简单的例子。假设为缝制一条相同的裙子，米兰达需要花费20小时劳动量，迈克尔却只需花费8小时劳动量，那么，经济学家通常会说迈克尔在缝制裙子上具有绝对优势。这里，我们主要根据为获得特定产出（一条裙子）所需的投入（劳动时间）来确定哪一方具有绝对优势。

反之，我们也可以简单地根据某个既定投入（一周的劳动量）的产出水平（已缝制好的裙子数量）来判断哪一方更有优势。在40个工作小时内，米兰达能缝制2条裙子，迈克尔却能缝制5条裙子。这个例子所表达的意思和上面的例子一样。由于迈克尔花费了和米兰达相同的劳动投入，却获得了更大的产出，所以经济学家认为迈克尔在缝制裙子上具有绝对优势。

然而，在阐述贸易收益问题时，我们并不关心哪一方具有绝对优势。为了阐明专业化生产和贸易能获得多于自给自足生产时的产出，我们只需考察经济学家所谓的"比较优势"这一概念即可。比较优势取决于机会成本，我们从机会成本开始着手分析。

在阐述贸易收益理论时,我们必须做出两个简化和一个假设。

两个简化如下:

- 只存在两个国家(或两个人、两个州……这里的关键在于"两个")。
- 只有两种产出类型。

由于做了这些简化处理,一些经济学家可能会说我们是在讨论两个国家、两种商品(2×2矩阵)的情形。其实,他们的意思是说,如果我们以竖栏表示国家、横栏表示产出来画一张表格(一个矩阵),那么这张表格将包括两行两列。举个例子,以克恩国和塔夫特国分别表示两个经济体,以玉米和小麦表示两种产出,我们便能把所有必要信息列在表2—4中。

表2—4　　　　　　　　　　　一张产出矩阵表

克恩国的玉米产量	克恩国的小麦产量
塔夫特国的玉米产量	塔夫特国的小麦产量

一个假设如下:

- 机会成本保持不变。

在阐述贸易收益理论时,我们暂时忽略了机会成本递增法则。因为不管机会成本是否递增,这里的分析都将得出相同的结论,即贸易收益确实存在。如果我们令机会成本保持不变,那么目标将得到简化处理。任何不影响分析结论却能使目标简化的假设都值得我们尝试。

存在贸易收益这点确实能通过一个简单的例子得到阐述,即采用我们关于克恩国和塔夫特国的例子。该例子中的两种产出分别是玉米和小麦。我们不妨假设,在1年中克恩国的一英亩土地能获得200蒲式耳玉米和150蒲式耳小麦。相反,塔夫特国的一英亩土地每年却只能获得100蒲式耳玉米和50蒲式耳小麦。经济学家通常用一张和表2—5相类似的表格来描述这些信息。

表2—5　　　　　　　每英亩土地的最大年产量(蒲式耳)

	玉米	小麦
克恩国	200	150
塔夫特国	100	50

习题

参照表2—5回答下列问题:

7. 在玉米的生产中,哪个国家有绝对优势?
8. 在小麦的生产中,哪个国家有绝对优势?

根据表中隐含的信息,我们便能计算出每个国家从事生产的机会成本。一英亩土地可以被用来种植玉米或小麦,但是不能同时兼顾两者。种植玉米的机会成本是放弃(没有获得)的小麦产量,而种植小麦的机会成本是放弃(没有获得)的玉米产量。我们可以利用表2—5中的生产可能性组合来计算机会成本。

$$\text{商品 A 的机会成本} = \frac{\text{其他商品的最大产量}}{\text{商品 A 的最大产量}}$$

在克恩国中,种植200蒲式耳玉米的机会成本是150蒲式耳小麦。除以200,得到该国生产1蒲式耳玉米的机会成本是150/200=3/4或0.75蒲式耳小麦。

同理,该国种植150蒲式耳小麦的机会成本是200蒲式耳玉米。除以150,得到该国生产1蒲式耳小麦的机会成本是200/150=4/3或1.33蒲式耳玉米。

提示 ☞

注意:一种商品(小麦)的机会成本恰好是另一种商品(玉米)机会成本的倒数。

在塔夫特国中,种植100蒲式耳玉米的机会成本是50蒲式耳小麦。除以100,得到该国生产1蒲式耳玉米的机会成本是50/100=1/2蒲式耳小麦。

取1/2的倒数,可以得到该国种植1蒲式耳小麦的机会成本是2蒲式耳玉米。

经济学家通常用一张和表2—6相类似的表格来描述这些信息。

表2—6　　　　　　　　生产1蒲式耳某种商品的机会成本

	玉米	小麦
克恩国	150/200=0.75蒲式耳小麦/蒲式耳玉米	200/150=1.33蒲式耳玉米/蒲式耳小麦
塔夫特国	50/100=0.5蒲式耳小麦/蒲式耳玉米	100/50=2蒲式耳玉米/蒲式耳小麦

提示 ☞

为确保你能得出正确的比例,在计算中完整写下诸如"多少蒲式耳小麦/蒲式耳玉米"这样的单位是很有用的。此时,分子为"多少蒲式耳小麦",分母为"多少蒲式耳玉米"。

机会成本可以被用来确定哪一方具有比较优势。如果一个经济体在某种商品的生产上具有更低的机会成本，经济学家就称该经济体在该商品的生产上具有**比较优势**（comparative advantage）。

在我们的例子中，为了能生产1蒲式耳玉米，克恩国必须放弃0.75蒲式耳小麦，而塔夫特国却只需放弃0.5蒲式耳小麦。因此，经济学家说塔夫特国在玉米的生产中具有比较优势。

同理，为了能生产1蒲式耳小麦，克恩国必须放弃1.33蒲式耳玉米，而塔夫特国却需要放弃2蒲式耳玉米。所以，经济学家说克恩国在小麦的生产中具有比较优势。

要想确定两国最多能生产多少玉米和小麦，则我们还必须知道每个国家有多少英亩耕地可资利用。不妨假设这两个国家都有300英亩耕地资源。我们用表2—7来描述此时单个国家所能获得的最大潜在产出。

表 2—7　　　　　单个国家1年中的最大产出（蒲式耳）

	玉米	小麦
克恩国	200 蒲式耳/英亩×300 英亩 ＝60 000 蒲式耳	150 蒲式耳/英亩×300 英亩 ＝45 000 蒲式耳
塔夫特国	100 蒲式耳/英亩×300 英亩 ＝30 000 蒲式耳	50 蒲式耳/英亩×300 英亩 ＝15 000 蒲式耳

提示 ☞

注意这里不要出现混淆。表2—7只是表明克恩国最多能生产60 000蒲式耳玉米"或"45 000蒲式耳小麦。这里的关系是"或"，而不是"和"。

现在，我们仍然可以画一张图来分别表示单个国家的生产可能性。对克恩国来说，它能够生产60 000蒲式耳玉米或45 000蒲式耳小麦，或者小于这两个最大产出的任意一个组合。对塔夫特国来说，它能够生产30 000蒲式耳玉米或15 000蒲式耳小麦，或者小于这两个最大产出的任意一个组合。这些生产可能性组合如图2—5所示。

如图所示的生产可能性曲线是两条直线，这是因为我们在表2—6中已经假定机会成本保持不变。

图2—5可被用来计算机会成本。换句话说，生产可能性曲线的斜率即为机会成本。生产可能性曲线的斜率等于纵轴距离除以横轴距离，或者等于增加的小麦产量除以增加的玉米产量。对克恩国来说，其生产可能性曲线的斜率为45/60＝0.75，恰好等于它种植1蒲式耳玉米的机会成本。

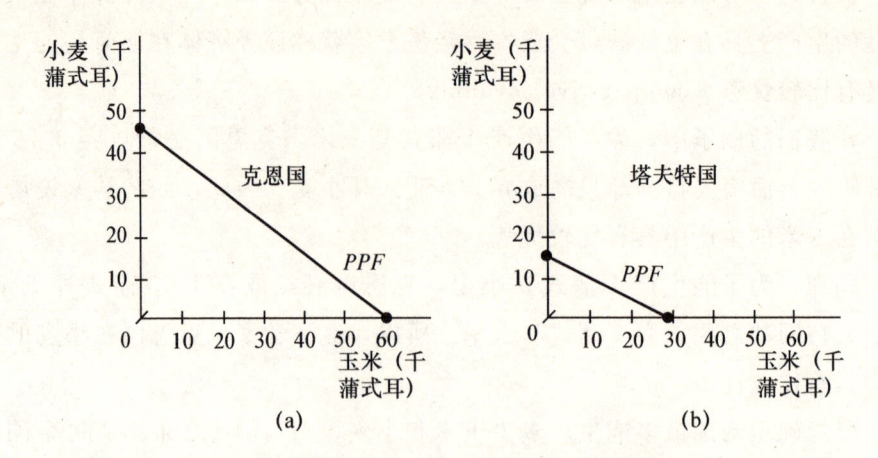

图 2—5　克恩国和塔夫特国的生产可能性曲线

在克恩国，生产可能性边界是 45 000 蒲式耳小麦和 0 蒲式耳玉米，或 60 000 蒲式耳玉米和 0 蒲式耳小麦，或者落在生产可能性曲线上的任意一个组合。在塔夫特国，生产可能性边界是 15 000 蒲式耳小麦和 0 蒲式耳玉米，或 30 000 蒲式耳玉米和 0 蒲式耳小麦，或者落在生产可能性曲线上的任意一个组合。由于我们假定机会成本保持不变，所以图中生产可能性曲线是一条直线。

对塔夫特国来说，其生产可能性曲线的斜率为 15/30＝0.5，恰好也等于它生产 1 蒲式耳玉米的机会成本。

提示

你只需记住斜率等于横轴商品的机会成本（斜率公式的分母）即可，这里的机会成本需以放弃的纵轴商品数量（斜率公式的分子）表示。

现在，我们必须为这两个国家确定一个最佳产出组合。经济学家通常会选择某个靠近每个国家生产可能性曲线中间的产出组合。这里，我们不妨假设克恩国生产 18 000 蒲式耳玉米和 31 500 蒲式耳小麦。同时，我们假设塔夫特国生产 6 000 蒲式耳玉米和 12 000 蒲式耳小麦。

提示

阐述贸易收益理论需要你（或者你所参考的书籍，或者你的老师）做出一些类似于此的假设，这些假设必须和每个经济体的生产可能性曲线及当前产出水平有关。

整个世界的总产出水平等于所有单个经济体的产出之和。因此，每个国家都应生产那些自身具有比较优势的商品。例如，由于克恩国在小麦生产中有着更低的机会成本（即具有比较优势），所以它应该把所有资源都用来生产小麦。所以，该国将生产出 45 000 蒲式耳小麦（参见表 2—7）。

类似地，由于塔夫特国在玉米生产中有着更低的机会成本（即具有比较优势），所以它应该把所有资源都用来生产玉米。因此，该国将生产出 30 000 蒲式耳玉米。

表 2—8　　　　　　　　不存在专业化生产时的总产出（蒲式耳）

	玉米	小麦
克恩国	18 000	31 500
塔夫特国	6 000	12 000
总产出	24 000	43 500

如此一来，小麦的总产出水平将会增加。不存在专业化生产时，克恩国和塔夫特国总共能生产 43 500 蒲式耳小麦。出现专业化生产后，它们总共能生产 45 000 蒲式耳小麦，比之前增加了 1 500 蒲式耳。

此外，玉米的总产出水平也将增加。不存在专业化生产时，克恩国和塔夫特国总共能生产 24 000 蒲式耳玉米。出现专业化生产后，它们总共能生产 30 000 蒲式耳玉米，比之前增加了 6 000 蒲式耳。

现在，这两个国家便能就小麦和玉米展开双边贸易了。相对于自给自足型生产来说，专业化生产和贸易将使双方能有更多的玉米和小麦可供消费。因此，经济学家认为这种共赢局面阐释了贸易收益原理。

习题

9. 当经济学家认为存在"贸易收益"时，这种贸易收益是指什么？

10. 假设有两个人：罗宾和玛利亚。玛利亚比罗宾更擅长园艺，罗宾则比玛利亚更擅长厨艺。但是，在任何事情上罗宾做得都要比玛利亚好。试问：罗宾和玛利亚能否从相互交易中获得收益？他们俩该怎么进行分工？

第3章 需求和供给

需求和供给模型被用来确定某种产品的价格。它是经济学中最常用的模型。能不能学好经济学在很大程度上取决于你对需求和供给模型的掌握程度。

重要术语和概念

需求和供给模型	需求表
商品	需求曲线
服务	沿曲线的移动
市场	曲线的移动
需求	互补品
供给	替代品
均衡价格	收入
均衡数量	正常商品
需求量	劣等品
市场需求	财富
个人需求	口味和偏好

供给量　　　　　　　　　替代产出品
市场供给　　　　　　　　互补产出品
个人供给　　　　　　　　市场均衡
供给表　　　　　　　　　市场短缺
供给曲线　　　　　　　　市场剩余

重要图形

市场均衡图
需求移动图
供给移动图

需求和供给模型概述

需求和供给模型（model of demand and supply）在经济学中不断被用到。该模型主要回答以下问题：什么因素决定了某种产品的市场价格和销售数量？这里的产品既可能是钢笔、住房、书籍或裙子等有形**商品**（goods），也可能是医疗、理发、电脑维修或DVD租用等无形**服务**（service）。**市场**（market）并不仅仅是一个有形的场所。相反地，它是某种产品买卖双方所有行为的集合。

需求（demand）主要被用来描述购买者的行为。有许多因素会影响我们对某种产品的需求量或购买量。经济学家通常把影响购买者需求的因素分为以下5种：

- 该产品的价格。
- 能被用来替代该产品的其他产品的价格。
- 我们的收入水平。
- 我们的财富水平。
- 我们的口味或偏好。

供给（supply）主要被用来描述销售者的行为。和需求一样，也有许多因素会影响销售者关于某种产品的销售量。经济学家通常把影响销售者供给的因素分为以下4种：

- 该产品的价格。
- 投入品的成本。
- 投入品的生产力。

- 用相同投入品所能生产出的其他产品的价格。

产品价格对买卖双方都有影响。需求和供给的相互作用决定了产品的**均衡价格**（equilibrium price）和**均衡数量**（equilibrium quantity）。在均衡价格上，购买者有意愿购买的产品数量（称为需求量）等于销售者有意愿出售的产品数量（称为供给量）。经济学家称：价格取决于供给和需求。

■ 需 求

首先，让我们把注意力放在价格上。**需求量**（quantity demanded）是指和任意价格相对应的需求数量。某种产品的潜在价格及其对应需求量的各种组合构成了该产品的需求。需求即指价格和需求量之间的全部组合。某种产品的**市场需求**（market demand）等于该产品所有的**个人需求**（individual demand）的总和。

价格变化是如何影响购买者对某种产品的意愿购买量的呢？价格上涨，购买者的购买量将会下降。经济学家称：价格上涨将使需求量下降。当某种产品的价格出现下跌时，购买者便会增加购买量。经济学家称：价格下跌会使需求量增加。

提示 ☞

注意"需求"和"需求量"是不同的概念，不要混淆两者，这很重要。

价格和需求量之间的关系通常可以用一张经济学家所谓的**需求表**（demand schedule）进行描述。不妨假设我们正在分析螺旋笔记簿所有的潜在购买者的购买行为。我们问这些购买者：如果每本螺旋笔记簿需要花费50美分，那么你在一个学期里会购买多少本100页厚的螺旋笔记簿呢？假如每本分别需要花费1美元、1.5美元、2美元或2.5美元，你又会购买多少本呢？我们把任意价格所对应的单个需求（每个人的回应）加总起来，便得到了如表3—1所示的市场需求。

表 3—1　　　　　　　　　　需求表

价格（美元）	0.5	1	1.5	2	2.5
需求量	10 000	8 000	6 000	4 000	2 000
符号	A	B	C	D	E

需求也可以通过一张图形得到描述。我们通常用纵轴表示价格，用横轴

表示需求量。你对这点可能会有疑惑。因为在第 1 章中我们说过纵轴通常用来表示自变量,横轴通常用来表示因变量。这里,既然是价格决定需求量,那么价格就是自变量,它应该由横轴表示,但情况并非如此。在经济学中,人们通常会习惯性地把价格标在纵轴上,把需求量标在横轴上。

提示

在需求和供给模型中,我们总是用纵轴表示价格,用横轴表示供给量或需求量。必须牢记这点。

图 3—1a 中给出了螺旋笔记簿的**需求曲线**(demand curve)。价格和需求量的每一对组合都能在表 3—1a 中得到描绘和标注。一条平滑曲线把这 5 个点连接了起来,这就是我们通常所说的需求曲线。需求曲线是向下倾斜的。由于价格和需求量之间存在一个反向关系,所以需求曲线的斜率为负。通常来说,需求曲线是向下倾斜的,因此,当你画一条需求曲线时,从左上方开始,沿右下方绘出,如图 3—1b 所示。

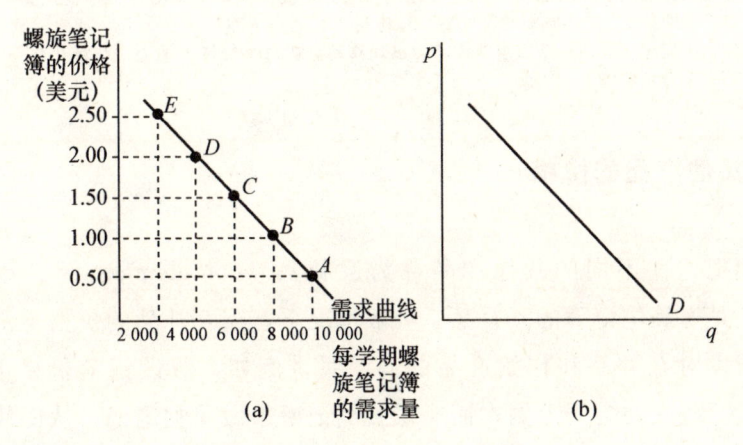

图 3—1 需求曲线向下倾斜

在图 3—1a 中,螺旋笔记簿的需求曲线是以表 3—1 中的价格和需求量组合为基础的。通常,一条需求曲线具有向下倾斜的形状,如图 3—1b 所示。

提示

经济学家称需求曲线是向下倾斜(斜率为负)的,这是因为价格和需求量之间存在反向关系。当价格下跌时,需求量上升,从而使需求曲线向下倾斜。

如果产品价格发生了变化,那么需求量将沿需求曲线移动。不同价格对应于同一条需求曲线上一个不同的点。但是,如果除产品价格以外的其他 4

种影响因素使需求发生了变化，那么整条需求曲线将会出现移动。这意味着对应于任何潜在的产品价格，需求量都发生了变化。因此，我们得到一条崭新的需求曲线，如图3—2所示。

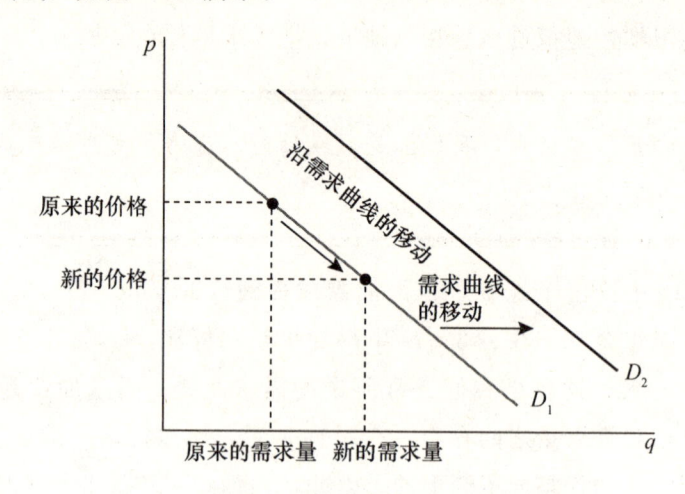

图3—2 沿需求曲线的移动和需求曲线的移动

沿需求曲线的移动发生在商品价格出现变化的时候。当商品从"原来的价格"变化到"新的价格"时，我们将沿需求曲线 D_1 把"原来的需求量"移动到"新的需求量"上。但是，如果除商品价格以外的其他因素发生了变化，那么整条需求曲线将会出现移动。在每个价格水平上，都将存在一个新的需求量，如图中第二条需求曲线 D_2 所示。

□ 其他产品的价格

我们把这些不同的其他产品称为**互补品**（complementary goods）。例如，钢笔是螺旋笔记簿的互补品。一般情况下，当互补品的价格上涨时，我们将会减少对互补品和初始产品的购买量。例如，假设钢笔价格上涨了3倍，那么一些人便会用上网本而非螺旋笔记簿来做课堂笔记，从而使每个潜在价格所对应的螺旋笔记簿的需求量出现下降。此时，螺旋笔记簿的整条需求曲线将会左移。经济学家说：当互补品（钢笔）的价格上涨时，基础产品（螺旋笔记簿）的需求量将会减少。

和互补品相反的是**替代品**（substitute goods）。例如，散装活页纸和夹子是螺旋笔记簿的替代品。一般情况下，当替代品的价格上涨时，我们将会购买更多的初始产品。例如，假设夹子的价格上涨了3倍，那么一些人可能会不再使用散装活页纸和夹子，而改用螺旋笔记簿做课堂笔记，从而使任何价格所对应的螺旋笔记簿的需求量出现上升。此时，螺旋笔记簿的整条需求曲线将会右移。经济学家说：当替代品（散装纸和夹子）的价格上涨时，基础产品（螺旋笔记簿）的需求量将会增加。

□ 收 入

收入（income）是指我们的工作所得。收入增加后，我们便能购买更多的商品了。通常，收入增加会使和每个潜在价格相对应的需求量上升。如果收入增加后我们想购买更多的某种商品，那么经济学家称该商品为**正常商品**（normal goods）。例如，不管音乐会的门票价格是多少，我们在收入增加后一般都会更经常地去听音乐会。因此，收入增加，正常商品的需求曲线将会右移。

但也存在一个例外，即由于我们目前的收入仍然较低，不能随心所欲地购买任何商品，而只能购买其他一些商品。经济学家通常把这些商品称为**劣等品**（inferior goods）。例如，有些人之所以用螺旋笔记簿做课堂笔记，是因为他们没有条件购买一台上网本。如果他们的收入增加，他们可能会购买更少的螺旋笔记簿，取而代之的是购买一台上网本。对这些人而言，收入增加会使他们在每一价格水平上所需的螺旋笔记簿的数量减少。因此，当收入增加时，劣等品的需求曲线将会左移。

□ 财 富

财富（wealth）是指我们所持有的资产——住房、小车、项链、股票、债券、共同基金及现金等——的价值。当持有更多的资产或原有资产的价格出现上涨时，我们的财富也会增加。财富增加使我们能够购买更多的东西。因此，和收入一样，更多的财富将会提高和每一价格相对应的需求量。即财富增加，产品需求曲线右移。

□ 口味或偏好

除价格、收入和财富等影响因素以外，我们有时还会对某种商品具有特别的偏好，并且急于买下它。有时，我们会根据从广告中获取的信息来做出是否购买某些商品的决定。或者，当听朋友在播放某些歌曲后，我们自己也会把它们下载来听听。经济学家通常把这称为口味或偏好的影响。**口味和偏好**（taste and preference）是描述那些可能会影响我们对某种商品的购买量的其他因素的总称，当然，这些因素排除了价格、收入和财富。如果我们的口味偏向于某种商品，那么和该商品的每一价格相对应的需求量将会增加，从而使需求曲线右移。如果某种商品不符合我们的口味，那么它的需求曲线将会左移。

☐ 市场规模

使市场需求曲线发生移动的另一种因素是市场规模。例如，假设大学进行了扩招，则购买螺旋笔记簿的学生人数无疑会出现增加。因此，市场需求曲线将会右移。

■ 供　给

销售者的行为通常可以用供给曲线来描述。**供给量**（quantity supplied）是指和任意价格相对应的供给数量。某种产品的不同价格及其对应供给量的所有组合构成了该产品的供给。某种产品的**市场供给**（market supply）等于全部销售者**个人供给**（individual supply）的总和。

当一种商品的价格出现上涨时，购买者将会希望销售出更多的该商品。经济学家说：价格上涨会使供给量增加。反之，当价格下跌时，销售者将会减少销售量。经济学家说：价格下跌会使供给量减少。

提示 ☞

"供给"和"供给量"是不同的概念，不要混淆两者。

和需求一样，价格和供给量之间的关系也可以通过一张经济学家所谓的**供给表**（supply schedule）得到描述。不妨假设我们正在分析螺旋笔记簿的所有潜在销售者的行为。我们问每个销售者：如果每本螺旋笔记簿的售价为50美分，那么你在一个学期里会销售多少本100页厚的螺旋笔记簿呢？假如每本售价分别为1美元、1.5美元、2美元或2.5美元，你又会销售多少本呢？我们把任意价格所对应的单个需求（每个企业的回应）加总起来，便得到了如表3—2所示的市场供给。

表3—2　　　　　　　　　　　　供给表

价格（美元）	0.5	1	1.5	2	2.5
供给量	4 000	5 000	6 000	7 000	8 000
符号	V	W	X	Y	Z

供给也可以用一张图来描述。同样地，纵轴表示价格，横轴表示数量。

图 3—3 给出了螺旋笔记簿的**供给曲线**（supply curve）。表 3—2 中所示的每一对价格和供给量组合在图 3—3a 中都得到了描绘和标注。图中一条平滑曲线把 5 个散点连接了起来，它就是供给曲线。

在图 3—3b 中，我们描绘了一条普通的供给曲线。供给曲线是向上倾斜的，你可以先从左下方开始，沿右上方画出来。由于价格和供给量之间存在正向关系，所以供给曲线具有一个正的斜率。价格上涨，供给量增加；价格下跌，供给量减少。

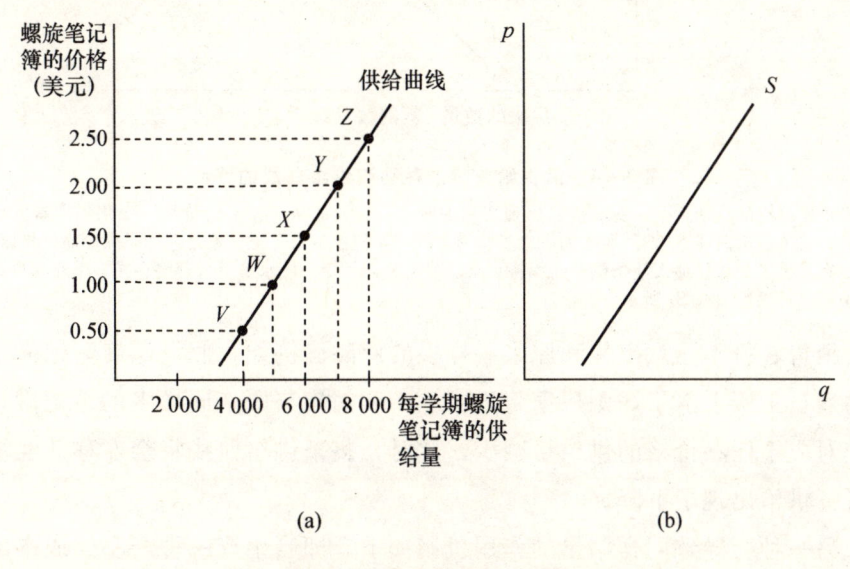

图 3—3 供给曲线向上倾斜

在图 3—3a 中，螺旋笔记簿的供给曲线是以表 3—2 中的价格和需求量组合为基础的。通常，一条供给曲线具有向上倾斜的形状，如图 3—3b 所示。

提示

这里，我们给出识记需求曲线和供给曲线的一个小窍门：需求曲线向下倾斜，供给曲线向上倾斜。

如果产品的价格发生了变化，那么我们将沿初始供给曲线移动，以便得到一个新的供给量。但是，如果除产品价格以外的其他影响因素使供给发生了变化，那么整条供给曲线将会出现移动。此时，对应于任何一个潜在的产品价格，供给量都将发生变化。因此，我们得到一条崭新的供给曲线，如图 3—4 所示。

□ 投入品的成本

当生产一种商品需要花费更高的成本时，对应于任何一个潜在的价格水

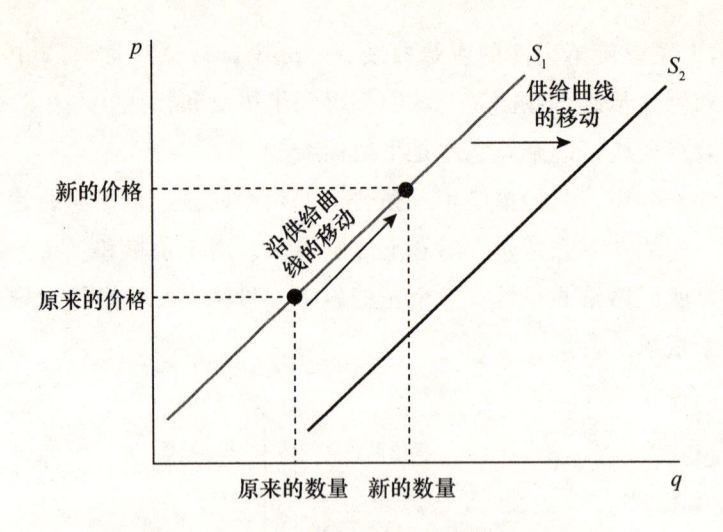

图 3—4　沿供给曲线的移动和供给曲线的移动

沿供给曲线的移动发生在商品价格出现变化的时候。当商品从"原来的价格"变化到"新的价格"时，我们将沿供给曲线 S_1 把"原来的供给量"移动到"新的供给量"上。但是，如果除商品价格以外的其他因素发生了变化，那么整条供给曲线将会出现移动。在每个价格水平上，都将存在一个新的供给量，如图中第二条供给曲线 S_2 所示。

平，销售者将不愿意出售和原来一样多的商品。例如，假设螺旋笔记簿生产商的雇员工资上涨了，则厂家将不愿生产和销售与原来同样多的笔记簿，从而使对应于任一价格的供给量减少。此时，整条供给曲线将会左移。经济学家说：供给出现了下降。

另一种会导致同样结果的作用机制如下。即当生产一种产品的成本出现上升时，销售者会索要一个更高的价格。由于投入品的成本上升了，所以任意特定的供给量将会对应于一个更高的价格。此时，供给曲线将会上移，这看上去无异于供给曲线的左移。

我们一般不采用这种方式来解释投入品的成本增加问题，其中的一个原因是它很容易被混淆。新的供给曲线将位于初始供给曲线的上方，这使供给曲线看起来出现了上移。但是，在任意价格水平上，只存在一个更低的供给量与之对应。经济学家说：投入品的成本出现上升，产品的供给量将会减少。

提示

这里，我们给出一种确保你能准确描绘供给曲线移动的方法。首先，画出第一条（原来的）供给曲线；然后，画出一个平行于横轴的箭头，用它表示供给曲线的移动方向。若供给增加，则箭头指向右边；若供给减少，则箭头指向左边。最后，沿箭头所指的方向画出第二条（新的）供给曲线。如果你所画出的箭头是向左或向右（而不是向上、向下或倾斜）的，那么你就画对了。

□ **投入品的生产力**

当投入品的生产力得到提高时,单位投入的产出将会增加,生产的成本将会下降。如果装订笔记簿的机械能够运转得更快,从而使每小时能生产出更多的笔记簿,那么对应于任何一个潜在的价格,生产螺旋笔记簿的企业将会愿意出售更多的笔记簿。此时,螺旋笔记簿的整条供给曲线将会右移。经济学家说:生产力提高将使供给增加。

□ **相关产出品的价格**

使用现有投入品所能生产出的其他商品通常被叫做**替代产出品**(substitutes in production)。在螺旋笔记簿的生产中,线装笔记簿是它的一种替代品,因为线装笔记簿可以用与生产螺旋笔记簿相同的投入品生产出来。通常,当替代产出品的价格出现上涨时,企业会试图生产更多的该商品,并降低原有商品的产量。企业会把投入品转向当前价格更高的替代产出品,并生产更少的原有商品。例如,假设线装笔记簿的价格上涨了2倍,则许多企业将会生产更少的螺旋笔记簿和更多的线装笔记簿。此时,对应于螺旋笔记簿任何一个潜在的标价,其供给量都将出现下降。因此,它的整条供给曲线将会左移。经济学家说:替代产出品(线装笔记簿)的价格出现上涨,则基础产品(螺旋笔记簿)的供给将会下降。

能用同样的投入品和现有产品一起被生产出来的商品叫做**互补产出品**(complements in production)或副产品。例如,糖果纸是螺旋笔记簿生产中的一种互补产出品。通常,如果互补产出品的价格出现上涨,那么企业将会愿意生产更多的互补产出品和原有产品。例如,假设糖果纸的价格上涨了3倍,则螺旋笔记簿的生产商无疑会生产更多的糖果纸和更多的螺旋笔记簿。此时,对应于任何一个潜在的标价,螺旋笔记簿的供给量都将增加,从而使它的整条供给曲线右移。经济学家说:互补产出品(糖果纸)的价格出现上涨,则基础产品(螺旋笔记簿)的供给将会增加。

□ **市场规模**

导致供给曲线发生移动的另一种因素是市场销售者的数量。如果一个社区里开了更多的办公用品店,那么对应于任何一个潜在的价格,将会有更多的供给者愿意出售螺旋笔记簿。此时,整条供给曲线将会右移。

均 衡

在某个价格上,如果供给量恰好等于需求量,那么将会出现**市场均衡**(market equilibrium)。对应于该价格水平,每个有意愿且有能力的购买者和销售者都能买到或售出他所希望购买或出售的商品数量。此时,市场不存在不能随心所欲购买或销售商品的购买者和销售者。经济学家说:当需求量等于供给量时,市场将会达到均衡。

我们可以用需求表和供给表来确定这种均衡。在表3—3中,我们整合了表3—1和表3—2中的数据信息。

表3—3 需求表和供给表

价格(美元)	0.5	1	1.5	2	2.5
需求量	10 000	8 000	6 000	4 000	2 000
供给量	4 000	5 000	6 000	7 000	8 000
市场状态	短缺6 000本	短缺3 000本	均衡	剩余3 000本	剩余6 000本

从表中可以看出,当螺旋笔记簿的价格为1.5美元时,每学期的需求量和供给量都为6 000本。此时,螺旋笔记簿的**均衡价格**(equilibrium price)为1.5美元,与之对应的**均衡数量**(equilibrium quantity)为6 000本。

当价格低于均衡价格时,需求量将会超过供给量。经济学家把需求量和供给量之间的差额叫做**市场短缺**(market shortage)。例如,当螺旋笔记簿的价格为1美元时,市场需求量为8 000本,而供给量只有5 000本。此时,每学期螺旋笔记簿的市场短缺为3 000本。市场短缺将给价格上涨带来推力。

同理,当价格高于均衡价格时,供给量将会超过需求量。经济学家把供给量和需求量之间的差额叫做**市场剩余**(market surplus)。例如,当每本螺旋笔记簿的价格为2.5美元时,市场供给量为8 000本,而需求量只有2 000本。此时,每学期螺旋笔记簿的市场剩余为6 000本。市场剩余将给价格下跌带来压力。

当市场处于均衡时,既不存在市场短缺,也不存在市场剩余。需求量等于供给量。此时,将不存在价格变动的动力。

市场均衡通常通过一张图进行描述。例如，图3—5a描绘了螺旋笔记簿的市场均衡情况。均衡点位于需求曲线和供给曲线相交之处。如果价格高于均衡价格，那么市场剩余即指这个过高价格所对应的需求和供给曲线之间的水平距离。如果价格低于均衡价格，那么市场剩余即指这个过低价格所对应的需求和供给曲线之间的水平距离。一般情况下，图3—5b阐述了经济学家是如何运用供给和需求曲线来确定市场均衡价格和均衡数量的。

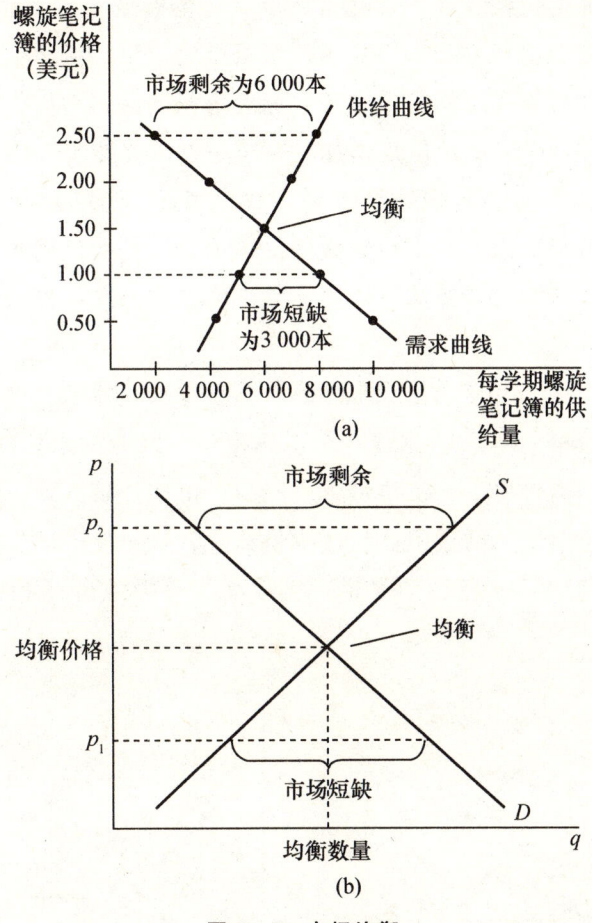

图3—5 市场均衡

在图3—5a中，螺旋笔记簿的市场均衡出现在1.5美元的价格和6 000本的数量上。通常，当需求曲线和供给曲线如图3—5b所示相交于一点时，我们得到市场均衡。当价格高于均衡价格时，将会存在市场剩余；当价格低于均衡价格时，将会存在市场短缺。

■ 均衡的变动

需求和供给模型的威力在于它可以被用来预测当影响需求和供给变动的因素之一发生变化时均衡价格和均衡数量的变化情况。这里，保持两点在曲线上的移动距离和新旧曲线之间的直线移动距离尤为重要。如果价格发生变化，我们将沿原有的曲线移动。如果其他因素发生变化，我们将移动曲线本身。

□ 需求的移动

当相关产品的价格、收入、财富、口味、偏好或市场规模发生了变化，那么需求曲线将会出现移动。对应于每个可能的价格，将产生一个新的需求量。原有的均衡价格和均衡产量将不再能使市场出清，它们将会发生变动。

当需求如图3—6a所示出现增加时，整条需求曲线都将右移。此时，对应于初始价格 p_1，将会出现一个市场短缺。因此，价格将会上涨。价格上涨以后，销售者将沿他们的供给曲线增加供给量，从而使市场达到一个更高的均衡价格和均衡数量。经济学家说：需求增加会导致价格和产量同时出现上升。

当需求如图3—6b所示出现下降时，整条需求曲线都将左移。此时，对应于初始均衡价格 p_1，将会出现一个市场剩余。因为需求曲线发生了移动，所以在原来的均衡价格上，供给量将会减少。价格开始下跌。随着价格不断下跌，销售者将沿他们的供给曲线减少供给量，从而使市场达到一个更低的均衡价格和均衡数量。经济学家说，需求减少会导致价格和产量同时出现下降。

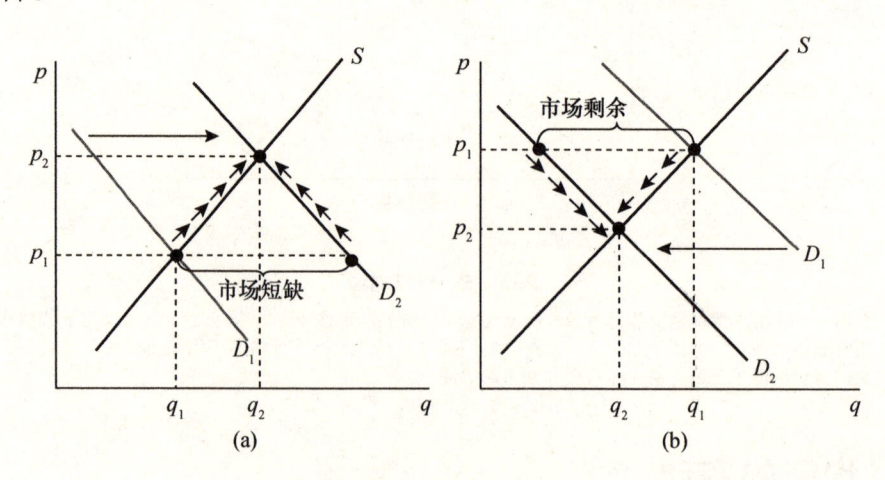

图3—6 需求曲线的移动

在图3—6a中，需求曲线从 D_1 向外推移到了 D_2。在原来的价格水平 p_1 上，将会出现市场短缺。均衡价格从 p_1 上涨到了 p_2，均衡数量从 q_1 增加到了 q_2。在图3—6b中，需求曲线从 D_1 缩小到了 D_2。在原来的价格水平 p_1 上，将会出现市场剩余。均衡价格从 p_1 下跌到了 p_2，均衡数量从 q_1 减少到了 q_2。

□ 供给的移动

当投入品价格、生产力、相关产出品或销售者数量发生变化时，供给曲线将会出现移动。对应于每个潜在的价格，将出现一个新的供给量。初始均衡价格和均衡数量将不再能使市场出清，它们将会发生变动。

当供给如图3—7a所示出现增加时，整条供给曲线将会右移。此时，在初始价格水平 p_1 上，将会出现市场剩余。因此，价格将会下降。随着价格不断下降，购买者将沿他们的需求曲线增加需求量，从而使市场达到一个更低的均衡价格和更高的均衡数量。经济学家说：供给增加会导致价格下跌和产量增加。

当供给如图3—7b所示出现下降时，整条供给曲线将会左移。此时，对应于初始均衡价格 p_1，将会出现市场短缺。因为供给曲线发生了移动，所以在初始均衡价格上，供给量将会减少。价格开始上涨。随着价格不断上涨，购买者将沿他们的需求曲线减少需求量，从而使市场达到一个更高的均衡价格和更低的均衡数量。经济学家说：供给减少会导致价格上涨和产量下降。

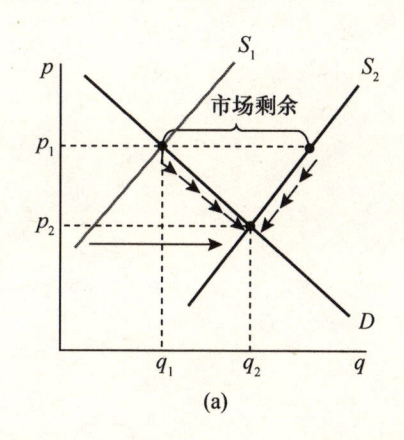

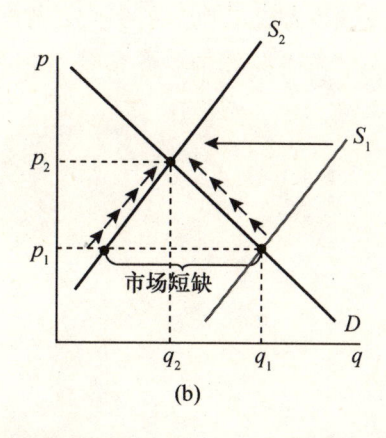

图3—7 供给曲线的移动

在图3—7a中，供给曲线从 S_1 向外推移到了 S_2。当供给增加时，供给曲线将会右移。在原来的价格水平 p_1 上，将会出现市场剩余。均衡价格从 p_1 下跌到了 p_2，均衡数量从 q_1 增加到了 q_2。在图3—7b中，供给曲线从 S_1 向内缩小到了 S_2。当供给减少时，供给曲线将会左移。在原来的价格水平 p_1 上，将会出现市场短缺。均衡价格从 p_1 上涨到了 p_2，均衡数量从 q_1 减少到了 q_2。

习题

（所有习题的答案，参见本书后面。）

用一张供给和需求图判定下列每句陈述如何影响均衡价格和均衡数量。

1. 在上网本市场上，购买者的收入出现了增加。

2. 在钢笔市场上，钢笔生产商给雇员支付的工资出现了上涨。

3. 在混合动力型小车市场上，购买者的偏好更多地转向购买该类车型。

4. 在多功能运动型小车（SUV）市场上，汽油的价格出现了上涨。

5. 在商务酒店市场上，小镇上开设了更多的酒店。

6. 在原油市场上，飓风毁坏了大量石油勘探平台。

7. 在某个小镇的租房市场上，该小镇的人口出现了增加。

8. 在巧克力蛋糕市场上，巧克力夹心饼干（可用和巧克力蛋糕相同的原料生产）的价格出现了上涨。

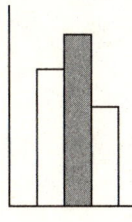

第 4 章 需求和供给模型的扩展

在经济学原理课程中，对需求和供给模型进行一些扩展很普遍。本章我们讨论如何用模型阐释价格上限、价格下限和消费税等问题。弹性（指某事物对另一事物发生变化时的反应程度）及消费者剩余、生产者剩余和无谓损失等概念也将在本章得到讨论。

重要术语和概念

价格下限	需求的交叉价格弹性
绑定	完全无弹性需求
价格上限	完全弹性需求
无效率的	不具有弹性
消费税	具有弹性
税收负担	单位弹性
承担	中值法
弹性	总收益效应
需求的价格弹性	消费者剩余
需求的收入弹性	生产者剩余

总剩余 　　　　　　　　　税收的无谓损失
无谓损失

重要公式

弹性公式 　　　　　　　　　生产者剩余公式
中值法公式 　　　　　　　　税收的无谓损失公式
消费者剩余公式

重要图形

价格下限图 　　　　　　　　消费者剩余图
价格上限图 　　　　　　　　生产者剩余图
消费税图 　　　　　　　　　税收的无谓损失图

价格下限和价格上限

需求和供给模型表明价格是由"市场"通过买（需求）卖（供给）双方的相互作用决定的。但是，如果存在政府强制实施的限价措施，那么将会发生哪些变化呢？

价格下限（price floor）存在于市场价格不被允许低于某个特定的最低价格时。因此，价格下限是指价格所能达到的最低值。只要价格处在该下限值的上方，价格仍由市场决定。如果市场力量使价格低于下限值，那么价格下限将被**绑定**（binding）。

当价格下限被绑定时，市场将会偏离均衡，此时的价格高于均衡价格水平。由于价格超出了均衡值，需求量将会下降，供给量将会增加。如果价格恰好等于下限值，那么需求量将会低于供给量。这可以借助图形来描述。

图 4—1a 描绘了价格下限的情形。图中，需求曲线和供给曲线的交点所对应的均衡价格要低于价格下限值，因此，价格将会被制定在该下限值上。对应于该价格下限值，供给量大于需求量，市场存在剩余。

假设不存在价格下限，则市场剩余将给价格下行带来压力。价格会下跌到均衡值，此时需求量恰好等于供给量。但是，价格下限的存在阻碍了价格向均衡水平的回归。

在价格下限处，销售量等于需求量。这一数量低于均衡数量。

图 4—1b 描绘了价格下限未被绑定的情形。由于均衡价格在下限值的上

方，市场（供求力量）将决定市场的价格水平。

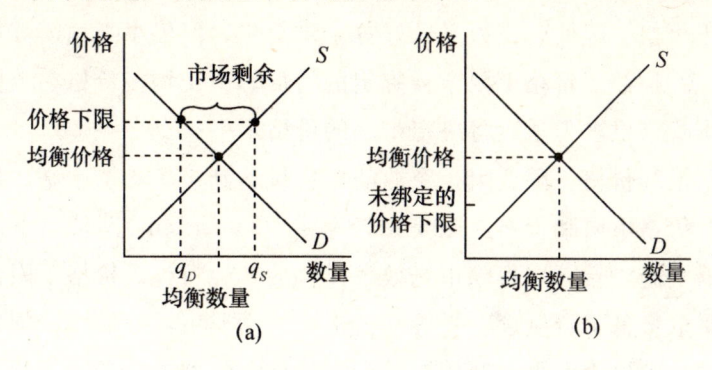

图 4—1　价格下限

当价格下限如图 4—1a 所示被绑定时，供给量将会超过需求量，导致市场剩余。当价格下限如图 4—1b 所示低于均衡价格时，绑定无效。

价格上限（price ceiling）存在于当市场价格不被允许高于某个特定的最高价格时。因此，价格上限是指价格所能达到的最高值。只要价格处在这个上限值的下方，价格仍由市场决定。如果市场力量使价格高于上限值，那么价格上限将被绑定。

当价格上限被绑定时，市场将会偏离均衡，此时的价格低于均衡价格水平。由于价格低于均衡水平，需求量将会上升，供给量将会减少。因此，当价格被限制在某个上限时，需求量将会超出供给量。

图 4—2a 描绘了价格上限的情形。图中，需求曲线和供给曲线的交点所对应的均衡价格要高于价格上限值，因此，价格将被制定在该价格上限值。对应于该价格上限值，需求量 q_D 大于供给量 q_S，市场存在短缺。

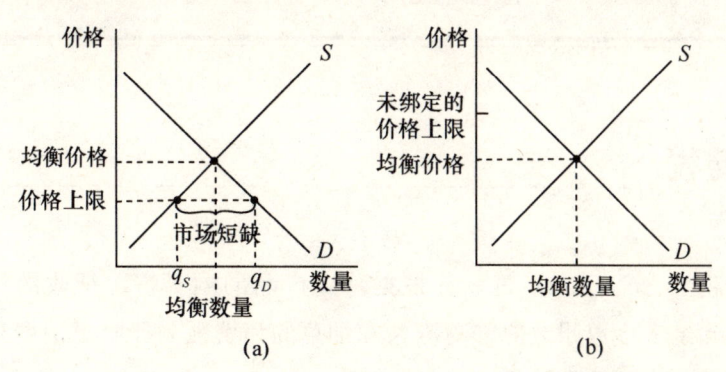

图 4—2　价格上限

当价格上限如图 4—2a 所示被绑定时，需求量将会超过供给量，导致市场短缺。当价格上限如图 4—2b 所示高于均衡价格时，绑定无效。

假设不存在价格上限，则市场短缺将给价格上行带来推力。价格会上涨到均衡水平，此时需求量恰好等于供给量。但是，价格上限的存在阻碍了价格向均衡水平的回归。

对应于价格上限值，销售量恰好等于供给量，但仍小于均衡数量。

图4—2b描绘了价格上限未被绑定的情形。由于均衡价格在上限值的下方，市场本身（供求力量）将决定市场的价格水平。

价格下限和价格上限会阻止企业的销售量达到市场均衡水平。经济学家通常认为，价格下限和价格上限是**无效率的**（inefficient）。价格下限和价格上限由政府实施，旨在取得除市场效率以外的其他目标。价格下限的一种普遍做法是采取最低工资制度。平等和公平——而非市场效率——问题是采取最低工资的决策诱因。最普遍的一种设定价格上限的方法是许多州所采取的牛奶价格情形。在加利福尼亚州的政府网站上，对采取牛奶限价措施所给出的解释是："如果不采取经济管制，牛奶生产和市场状况将有可能出现更剧烈和无序的波动。"（资料来源：http://dairy.ca.gov/dairy_questions_main.html#4，访问时间2007年3月27日。）

习题

（所有习题的答案，参见本书后面。）

根据下列每句陈述，分别作图表示。价格下限和价格上限是否被绑定？销售量是否达到市场均衡？

1. 均衡价格为3美元，价格下限为4美元。
2. 均衡价格为3美元，价格下限为2美元。
3. 均衡价格为3美元，价格上限为5美元。
4. 均衡价格为3美元，价格上限为1美元。

消费税

消费税（excise tax）是一种根据特定产品的购买情况征收的税种。例如，联邦和绝大多数州政府都对酒精和烟草的消费强制征收了消费税。税收会改变某种商品的均衡价格和均衡数量。

讨论税收如何影响商品市场均衡的最容易的方法是借用一个特殊例子。例如，我们假设雪茄烟的均衡价格最初是每包3美元，接着政府对每包烟强制征收了2美元的消费税。这样一来，雪茄烟的价格将会出现什么变化呢？

很重要的一点是价格不会直接上涨2美元，因为只有部分**税收负担**（burden of the tax）由消费者承担，其他部分则由销售者承担。税收负担由谁**承担**（bear the burden）取决于需求量和供给量各自对价格上涨的反应程度。

面对每包烟2美元的消费税，销售者一开始将会使每包烟涨价2美元。但当他们这样做时，需求量将会减少，从而使销售量下降。尽管销售者能提高雪茄烟的价格，但他们并不能提高2美元这么多。

税收负担和实际上由谁向政府纳税无关。销售者从购买者那里筹到税款后，把它上交给政府，或者购买者也可以亲自把税款上交给政府。如果从销售者那里征税，税款的筹集会变得更容易。但是，不管实际上由谁向政府交税，税收负担都是相同的。

图4—3a解释了这一点。在初始均衡价格3美元上，需求曲线相对较为陡峭，因为吸烟容易使人上瘾。尽管购买者会对价格变化做出反应，但和价格的上涨相比，需求量的下降幅度相对较小。

此时，2美元的消费税意味着对应于每单位的消费量，销售者都希望能从购买者那里获得2美元的涨价收入。初始供给曲线S_1上每一个供给量所对应的价格现在都上涨了2美元，整条供给曲线将向上移动2美元的距离，这2美元即消费税。

在5美元（初始均衡价格加上消费税）的价格上，供给量大于需求量。因此价格不会涨到5美元，相反，它会落在初始价格3美元及其与消费税之和5美元之间的某一点处。

在图4—3a中，新的均衡价格是4.5美元。购买者在每包烟上多支付了1.5美元，即2美元单位税收的3/4。经济学家通常说：购买者承担了3/4的税收。

每售出1包烟，销售者将从购买者那里获得4.5美元，但他还需给政府上缴2美元的税收，因此销售者从出售1包香烟中获得的净价格是4.5－2＝2.5美元。这比征税之前少了0.5美元，即1/4的税收。经济学家通常说：销售者承担了1/4的税收。

政府获得的税收总额等于单位税收乘以销售总量，即一个以新的均衡数量为底、以2美元单位税收为高的矩形的面积。

矩形面积＝底×高

图4—3b给出了对消费税更一般化的描述。供给曲线向上移动，移动距离为单位消费税。从初始均衡价格到新价格的涨幅即购买者的税收负担。阴影部分的矩形表示政府部门的税收收入。

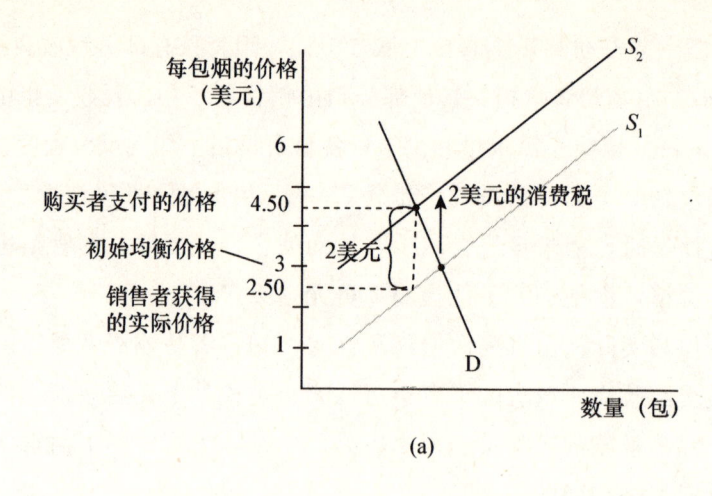

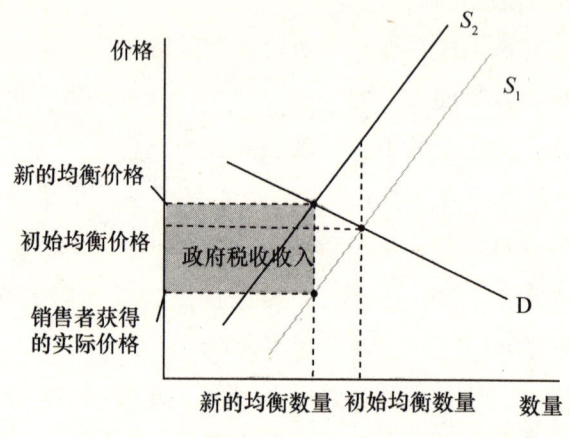

图 4—3 消费税

每包烟 2 美元的烟草税使如图 4—3a 所示的供给曲线向左上方移动了 2 美元的距离。均衡价格上涨到 4.5 美元,销售者每卖出 1 包香烟将给政府上交 2 美元税收,因此他们只获得 2.5 美元的实际价格。政府的税收收入如图 4—3b 中阴影部分的矩形面积所示,以新的均衡数量为底边,以单位税收为高。

当需求曲线如图 4—3a 所示相对陡峭时,购买者支付的税额将高于销售者。因为即使价格上涨,需求量的跌幅也很有限,所以销售者能把绝大部分税负转嫁给消费者。

当需求曲线如图 4—3b 所示相对平坦时,销售者支付的税额将高于购买者。此时,只要价格略微上涨,需求量都将出现较大幅度下跌,从而使销售者不能把绝大部分税负转嫁给消费者。

消费者承担全额税收的唯一情形是需求曲线完全垂直。在这种很少见或几乎不存在的情形中,消费者愿意支付任何商品售价,因此销售者能将所有税收都转嫁给他们。

□ 弹　性

我们知道需求曲线是向下倾斜的，即价格上涨，则需求量下降。但是，需求量下降的准确数值是多少呢？它下降一点，还是下降很多呢？换言之，需求量对价格变化的反应程度如何？经济学家将之称为**弹性**（elasticity）。

弹性可被用来分析任何事情。例如，民意调查数据是怎样对负面政治新闻做出反应的？当你的重量小于多少时，站在气球上才不会使它爆炸？当你用一定的力量去拉伸橡皮筋时，它能被拉出多长？

在经济学中，对弹性最普遍的运用是需求量分析。当价格下降时，需求量将会增加多少？即**需求的价格弹性**（price elasticity of demand）。当收入增加后，需求量将会增加多少？即**需求的收入弹性**（income elasticity of demand）。当钢笔价格出现上涨时，螺旋笔记簿的需求量将会增加多少？即**需求的交叉价格弹性**（cross-price elasticity of demand）。

经济学主要关注需求的价格弹性。我们知道需求量随价格上涨而下降，因为需求曲线是向下倾斜的。但是，需求量会下降多少数额呢？答案在于需求的价格弹性。

需求的价格弹性可以通过下式计算：

$$\frac{需求量变化的百分比}{价格变化的百分比}$$

如果价格下跌 10% 时所对应的需求量增加了 5%，则需求的价格弹性为 $(+5)/(-10)=-0.5$。如果价格下跌 10% 时所对应的需求量增加了 20%，则需求的价格弹性为 $(+20)/(-10)=-2.0$。

需求的价格弹性通常为负，这是因为需求量和价格一般会朝相反的方向变化。许多人可能不习惯取负数，所以一些教材用正数来表示需求的价格弹性。它们省略了负号，取 −0.5 的绝对值 0.5 来表示需求的价格弹性。你应检查下自己所用的教材，看看它是用正数还是负数来表示需求的价格弹性的。

如果需求量对价格变化没有反应，则需求的价格弹性为零。经济学家称之为**完全无弹性需求**（perfectly inelastic demand）。此时，需求曲线恰好是一条垂线。

如果在价格出现略微上涨时，需求量便会下跌至零，则需求的价格弹性将接近于无穷小。经济学家称之为**完全弹性需求**（perfectly elastic demand）。此时，需求曲线是一条水平直线。

如果需求量变化的百分比小于价格变化的百分比（当然，两者符号相反），则需求的价格弹性将落在 0 和（负）1 之间。此时，价格的大幅下跌也只会带来需求量的小幅增加。经济学家称，需求是**不具有弹性**（inelastic）的。

如果需求量变化的百分比大于价格变化的百分比（同理，两者符号也相反），则需求的价格弹性将落在（负）1 和（负）无穷之间。此时，价格的微弱下跌也会导致需求量的大幅增加。经济学家称，需求是**具有弹性**（elastic）的。

在少数情形中，需求量变化的百分比恰好等于价格变化的百分比，我们称之为具有**单位弹性**（unitary elasticity）。

习题 ☞

下列各种情形中，需求的价格弹性为多少？它们属于完全不具有弹性、不具有弹性、单位弹性、具有弹性还是完全具有弹性？

5. 价格下跌 10%，需求量增加 8%。
6. 价格上涨 3%，需求量下降 3%。
7. 价格上涨 1%，需求量下降 5%。
8. 价格上涨 5%，需求量降至零。
9. 价格下跌 2%，需求量没有变化。

□ 中值法

中值法（midpoint method）用来计算百分比变化率。当价格从 100 美元上涨到 110 美元时，涨幅为 10%；当价格从 110 美元回落到 100 美元时，跌幅却只有 9.1%。我们该取哪个数值呢，10% 还是 9.1%？

上述问题并没有确切答案，一种方法是取它们的平均值（中值）。根据中值法，百分比变化率的计算公式为：

$$\frac{两个数值之差}{两个数值的平均值} = \frac{新值 - 旧值}{(新值 + 旧值)/2}$$

上式既可以被用来计算需求量的百分比变化率，又可以被用来计算价格的百分比变化率。因此，需求的价格弹性公式为：

$$\frac{需求量的百分比变化率}{价格的百分比变化率} = \frac{\dfrac{新需求量 - 旧需求量}{(新需求量 + 旧需求量)/2}}{\dfrac{新价格 - 旧价格}{(新价格 + 旧价格)/2}}$$

$$= \frac{\dfrac{新需求量-旧需求量}{新需求量+旧需求量}}{\dfrac{新价格-旧价格}{新价格+旧价格}}$$

弹性概念很重要，但中值法通常却会使学生感到困惑。如果你只考虑上文的弹性定义，暂且忽略这里的计算过程，那么事情会更加简单。换言之，一些经济学老师会要求学生用中值法来计算弹性。

习题

根据下列每句描述，用中值法计算需求的价格弹性：

10. 当价格从 5 美元上涨到 6 美元时，需求量从 100 下降到 95。
11. 当价格从 5 美元上涨到 10 美元时，需求量从 2 000 下降到 500。
12. 当价格从 8 美元下跌到 7 美元时，需求量从 10 000 上升到 11 000。

□ 总收益效应

总收益等于价格乘以数量，表示销售者获得的货币总量。如果销售者提高商品价格，总收益将会增加、减少还是保持不变呢？答案取决于需求的价格弹性。经济学家称之为弹性的**总收益效应**（total revenue effect）。

如果需求不具有价格弹性，那么即使价格出现大幅上涨，对需求量的影响也是很有限的。此时，价格上涨将使总收益增加，价格下跌将使总收益减少。

如果需求具有价格弹性，那么价格的略微上涨就会给需求量造成重大影响。此时，价格上涨将会减少总收益，价格下跌将会增加总收益。

在极少数情况下需求恰好是具有单位弹性的。此时，价格的百分比变化率将等同于需求量的百分比变化率，价格上涨对总收益没有任何影响。

总收益效应是弹性最常用到的地方。客运公司是否应该把涨价作为提高收益的一种手段呢？只有当对客运的需求不具有价格弹性时答案才是肯定的。某个早餐原料销售者能否通过扩大销售量来增加收益呢？只有当对早餐原料的需求具有价格弹性时答案才是肯定的。在本章讨论的所有话题中，对弹性的运用在日常生活中最为普遍。

习题

根据下列各句陈述，推测其对总收益的影响：

13. 雪茄的需求不具有价格弹性，雪茄销售者提高雪茄价格。

14. 巧克力的需求具有价格弹性，巧克力销售者提高巧克力价格。

15. 休闲航空旅行的需求具有价格弹性，航空公司降低飞往佛罗里达州奥兰多迪士尼乐园的机票价格。

消费者剩余和生产者剩余

□ 消费者剩余

当市场达到均衡时，所有购买者将支付一个相同的价格。但是，一些购买者可能愿意支付一个高于均衡价格水平的价格。经济学家认为这些购买者获得了**消费者剩余**（consumer surplus）。消费者剩余是指消费者有意愿且有能力支付的价格和实际支付价格之间的差额。

提示 ☞

消费者剩余和市场剩余的概念没有任何关联，后者表示价格高于均衡价格水平时供给量和需求量之间的差额。

例如，假设你碰到一支很喜欢的钢笔，你愿意花3美元买下它，而实际价格只要2美元。此时，你便具有了1美元的消费者剩余，这是因为你比自己心目中愿意支付的最高出价少花了1美元。

整个市场的消费者剩余等于所有单个消费者剩余之和。当存在许多购买者时，消费者剩余的值可以用一张图来描述。

我们用图4—4a表示市场对钢笔的需求情况，均衡价格为2美元，均衡数量为8 000支钢笔。消费者剩余即需求曲线、均衡价格水平及纵轴围成的三角形区域。三角形的面积计算公式为：

$$三角形面积 = 1/2 \times 底 \times 高$$

图中，三角形的底是8 000支，高是需求曲线和纵轴交点所对应的取值与均衡价格之差，即3美元。因此，钢笔市场上的消费者剩余为：

$$\begin{aligned}消费者剩余 &= 1/2 \times 均衡数量 \times (最高需求价格 - 均衡价格) \\ &= 1/2 \times 8\,000\,支钢笔 \times 3\,美元/支钢笔 \\ &= 12\,000\,美元\end{aligned}$$

通常，消费者剩余等于需求曲线、均衡价格及纵轴所围成的三角形区域的面积，如图4—4b所示。只要需求曲线向下倾斜而非保持水平，市场都将产生消费者剩余。一些购买者的支付将低于他在该商品上所愿意支付的最高价格水平。

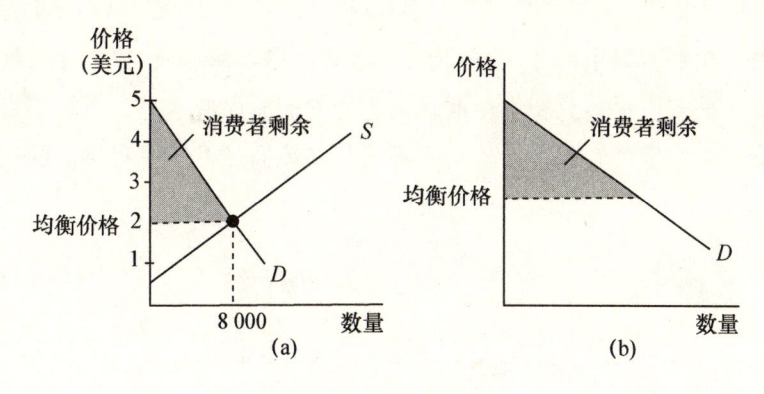

图4—4 消费者剩余

消费者剩余等于均衡价格、需求曲线及纵轴所围成的三角形的面积，如图4—4b所示。图4—4a中，消费者剩余为$1/2 \times 8\,000 \times 3 = 12\,000$美元。

□ 生产者剩余

生产者（销售者）同样能够获得剩余。对许多生产者而言，市场均衡价格高于他们愿意接受的最低价格水平。经济学家称这些消费者获得了**生产者剩余**（producer surplus）。生产者剩余即他们实际接受的价格和愿意接受的最低售价之间的差额。

提示

生产者剩余和市场剩余之间不存在任何关联。

例如，假设哈利的办公用品店愿意以每支1.5美元的价格出售钢笔，但钢笔的市场价格为2美元，所以哈利也标价2美元。此时，哈利将获得0.5美元的生产者剩余，这是因为他实际获得的价格比他愿意接受的最低价格要高0.5美元。

整个市场的生产者剩余等于所有单个生产者剩余之和。当存在许多销售者时，生产者剩余可以用一张图来描述。

我们用图4—5a表示钢笔市场的供需情况。该图和图4—4a一样，均衡价格为2美元，均衡数量为8 000支钢笔。生产者剩余即供给曲线、均衡价

格及纵轴所围成的三角形区域。图中，

生产者剩余＝1/2 均衡数量×(均衡价格－最低供给价格)
＝1/2×8 000 支钢笔×(2－0.5)美元/支钢笔
＝6 000 美元

通常，生产者剩余等于需求曲线、均衡价格及纵轴所围成的三角形的面积，如图 4—5b 所示。只要供给曲线向上倾斜而非保持水平，市场都将产生生产者剩余。一些生产者获得的价格将高于他在该商品上所愿意接受的最低价格水平。

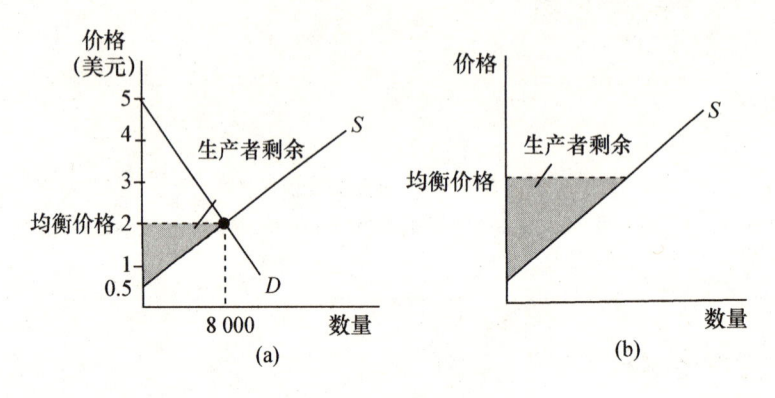

图 4—5　生产者剩余

生产者剩余等于供给曲线、均衡价格及纵轴所围成的三角形的面积，如图 4—5b 所示。图 4—5a 中，生产者剩余为 1/2×8 000×1.5＝6 000 美元。

□ 剩余和弹性

供给曲线和需求曲线的斜率决定了生产者和消费者分别能获得多少剩余。当需求具有很大的价格弹性时（即价格的微小变化将导致需求量发生大幅变化），消费者将获得少量消费者剩余。如图 4—6a 所示，在均衡价格和消费者愿意支付的最大价格之间只存在较少的差额。

当需求具有很小的价格弹性时（即价格的大幅变化只会给需求量带来小幅变化），消费者将获得大量消费者剩余。许多消费者都能以一个远低于他们在该商品上所愿意支付的最大价格的价格购买到该商品。

当供给如图 4—6c 所示非常具有价格弹性时，价格的微小变化都会给供给量带来大幅变化，生产者将获得非常少的生产者剩余，因为在均衡价格和生产者愿意接受的最低价格之间只存在较小的差额。

当供给如图 4—6d 所示具有很小的价格弹性时，即使价格出现大幅变化，也只会给供给量带来小幅变化，生产者将获得大量生产者剩余，因为在均衡价格和生产者愿意接受的最低价格之间存在较大差额。

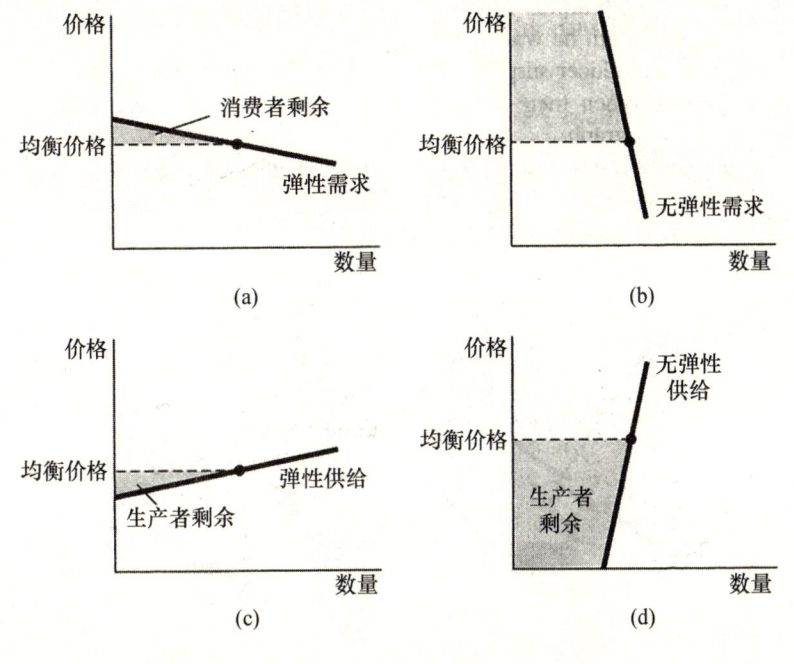

图 4—6 剩余和弹性

当需求具有弹性时，消费者剩余相对较小。当需求不具有弹性时，消费者剩余相对较大。当供给具有弹性时，生产者剩余相对较小。当供给不具有弹性时，生产者剩余相对较大。

税收的无谓损失

市场会使**总剩余**（total surplus）——消费者剩余（CS）同生产者剩余（PS）之和——达到最大化。价格下限导致销售量下降，减少了剩余。价格上限同样如此。经济学家称这种损失为**无谓损失**（deadweight loss）。

最通常的做法是用消费税的例子来阐述无谓损失（DWL）。记住消费税会使均衡价格上升，使均衡数量下降。更高的均衡价格会减少消费者剩余，因为此时在一些购买者愿意支付的最低价格和他们实际支付的价格之间只有较小的差额；更低的均衡数量会减少消费者剩余，因为只有更少的人会去购买该产品。

消费税由购买者和销售者共同承担，但均衡价格的涨幅并非和消费税相同。因此，销售者获得的价格（均衡价格和消费税之间的差额）低于初始均衡价格。生产者剩余减少。不仅如此，更低的均衡数量会减少生产者剩余，因为只有更少的销售者愿意出售该产品。

并非所有消费者剩余损失和生产者剩余损失都属于"无谓损失"。政府会从消费税的征收中获得等于税收乘以均衡数量的额外收入。

税收的无谓损失（deadweight loss of the tax）是指初始总剩余减去最终总剩余与政府税收收入之和。

$$DWL = 初始\ CS + 初始\ PS - (新的\ CS + 新的\ PS + 政府税收收入)$$

图 4—7 描述了税收的无谓损失现象。

(a)

(b)

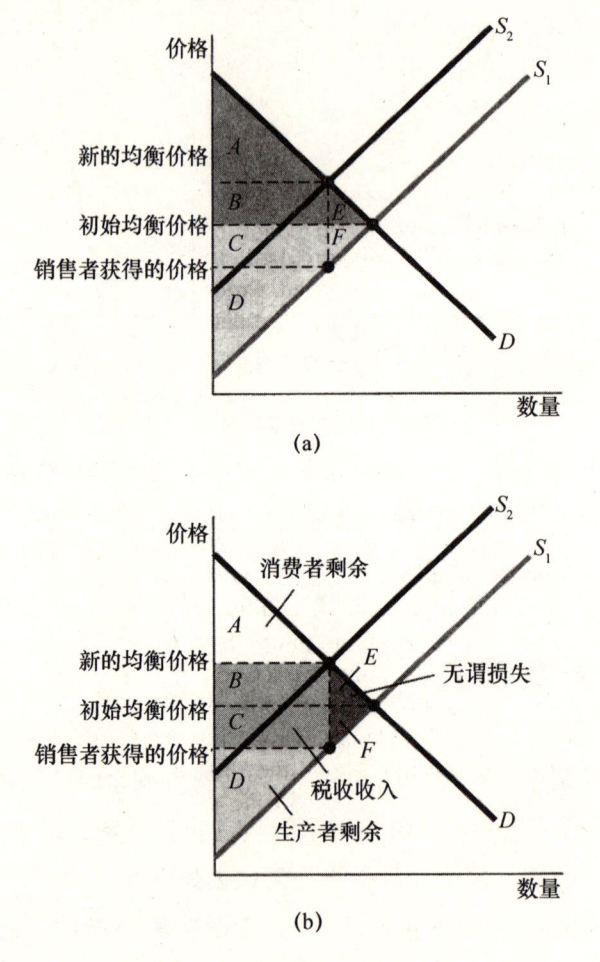

图 4—7 税收引致的无谓损失

在征收税收之前，消费者剩余为图 4—7a 中深色阴影区域，等于 $A+B+E$ 的面积。初始生产者剩余为浅色阴影区域，等于 $C+D+F$ 的面积。如图 4—7b 所示，税收使得消费者剩余减少为 A。税收使得生产者剩余减少为阴影面积 D。政府的税收收入为 $B+C$ 的面积。税收的无谓损失等于 $E+F$ 的面积。

第5章 消费者理论

为什么需求曲线会向下倾斜？你可能认为这很好理解：某种商品越贵，你的购买量就会越少。电影院的票价上涨，你便会减少去看电影的次数。经济学家通常用效用和无差异曲线的概念来解释价格和需求量之间的反向关系。在本章中，我们讨论价格变化的收入效应和替代效应。

重要术语和概念

效用	预算线的斜率
效用单位	无差异的
效用的人际比较	无差异曲线
总效用	凸向原点
边际效用	无差异曲线的斜率
边际效用递减法则	边际替代率
效用最大化	边际替代率递减
效用最大化法则	切线
预算约束	收入效应
预算线	替代效应

重要公式
  边际效用公式
  效用最大化法则公式
  预算约束公式
  边际替代率公式

重要图形
  预算约束图
  无差异曲线图

效用最大化

为什么我们要购买商品呢？因为它们能满足我们的需要。这种满足可能出于生存的需要，也可能为了承担义务；可能出于为他人服务的目的，也可能只是为了使自己感到快乐。满足有多种多样的表现形式。但是在一般情况下，我们之所以去购买商品（购买1本螺旋笔记簿也能构成一个决策），并不是因为我们不得不这么做，而是因为我们想这么做。经济学家说：我们购买商品是因为它们能带来**效用**（utility）。

效用是指满足程度。一些人可能会认为效用和贪念有关，但它并不必然如此。任何使你感到满足或快乐的事物，都能给你带来效用。交房租给房东以便有个落脚之地，能给你带来效用。购买食物充饥能给你带来效用。由于想帮助孤儿改善生活条件，你捐给红十字会的善款也能给你带来效用。效用仅仅是经济学家对满足一词的别称。

经济学家喜欢测量和计算，所以认为我们能够计算效用。计算效用的单位叫做**效用单位**（utils）（或效用值）。这完全是虚构的词汇。当交完房租以后，你感到多大程度的满足和惬意呢？你可能会说，"感觉很不错，远比露宿街头好多了。"经济学家装作你可以给这种感觉赋值，"我从交房租中获得了400效用单位的满足程度"。

尽管很难比较我们各自所能从租金偿付中获得的满足程度分别为多少，但是，你可以对自己的租金偿付和购买食物行为进行效用比较，我也可以对自己的租金偿付和购买食物行为进行效用比较。要比较你从租金偿付中获得的效用大小和我从租金偿付中获得的效用大小是不可能的。毕竟，这只是一种说辞而已。因此，你可以对自己的感觉进行排序：住房比食物重要，食物比衣服重要，衣服比巧克力重要。但是，你仍然不能区别我们之间谁从租金偿付中获得了更高的效用。经济学家说：我们不能进行**效用的人际比较**（interpersonal comparison of utils）。

对某种商品的消费量越多，你所获得的效用也越多。如果1个苹果已不错，那么2个苹果将更好，3个苹果就再好不过了。经济学家说：你的**总效用**（total utility）将随商品消费量的增加而上升。

上例中，你从消费额外一个苹果中所获得的额外效用叫做**边际效用**（marginal utility）。假设第一个苹果给你带来50效用单位的满足程度，第二个苹果给你带来40效用单位的满足程度，第三个苹果给你带来25效用单位的满足程度，则你从购买3个苹果中所获得的总效用为 $50+40+25=115$ 效用单位。其中，第二个苹果的边际效用为40效用单位，第三个苹果的边际效用为25效用单位。

边际效用即从消费额外一单位商品中所获得的总效用的变化差额：

$$\text{从第 } n \text{ 个商品的消费中所获得的边际效用} = \text{消费 } n \text{ 个商品所获得的总效用} - \text{消费 } n-1 \text{ 个商品所获得的总效用}$$

我们不妨假设你能从消费2磅牛肉中获得1 800单位效用，从消费3磅牛肉中获得2 025单位效用，则你从第三磅牛肉中所获得的额外效用等于 $2\,025-1\,800$ 的差额即225效用单位。

因为更多总是更好（经济学家所做的一个假设），所以总效用将随某种商品消费量的增加而上升。因此，你从消费额外1个商品中所获得的额外效用总是为正。经济学家称：边际效用总是为正。

尽管更多意味着更好，但这种更好的程度却会不断递减。随着我们对某种商品的消费量越来越多，我们从额外1单位该商品中所获得的额外效用将会越来越少，即边际效用将随消费量的增加而递减，经济学家称之为**边际效用递减法则**（law of diminishing marginal utility）。（记住：法则是指某种趋近于完全正确之事。）

习题

（所有习题的答案，参见本书后面。）

1. 假设你从花费1小时帮你奶奶做事中获得了100效用单位的满足程度，从花费2小时帮你奶奶做事中获得了180效用单位的满足程度。那么你第一个小时的边际效用为多少？第二个小时的边际效用又为多少？

经济学家通常用一张图来表示总效用和边际效用。图 5—1a 描绘了你从苹果消费中所获得的总效用。吃 1 个苹果能给你带来 50 单位的总效用，吃 2 个苹果能给你带来 90 单位的总效用，吃 3 个苹果能给你带来 115 单位的总效用。总效用将随苹果消费量的增加而增加。

边际效用即从多消费 1 个苹果中所获得的额外效用。图 5—1b 描绘了你从苹果消费中所获得的边际效用。吃第一个苹果的边际效用是 50 效用单位，吃第二个苹果的边际效用是 40 效用单位，吃第三个苹果的边际效用是 25 效用单位。

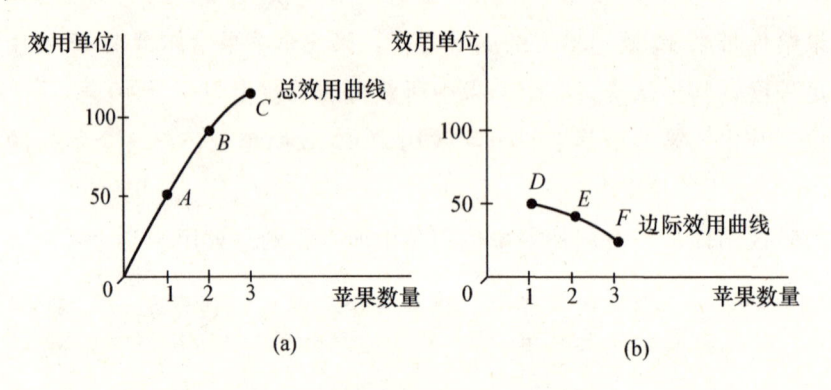

图 5—1　总效用曲线和边际效用曲线

图 5—1a 中所示的总效用曲线描绘了总效用是如何随苹果消费量的增加而上升的。点 A 表示消费 1 个苹果获得 50 单位的总效用，点 B 表示消费 2 个苹果获得 90 单位的总效用，点 C 表示消费 3 个苹果获得 115 单位的总效用。图 5—1b 中所示的边际效用曲线描绘了从消费额外一个苹果中所获得的额外效用。点 D 表示第一个苹果的边际效用是 50 单位，点 E 表示第二个苹果的边际效用是 40 单位，点 F 表示第三个苹果的边际效用是 25 单位。

图 5—1b 中，边际效用曲线落在横轴上方，这是因为边际效用总是为正的。但是，边际效用会随苹果消费量的增加而递减（变小），从而使边际效用曲线向下倾斜。

牛肉也能给你带来效用。表 5—1 描绘了你从消费（购买）苹果和牛肉中所获得的总效用和边际效用。我们分别用符号 "A" 和 "B" 表示苹果和牛肉。

边际效用将随消费量的增加而递减（下降）。当然，你可能会想到一个例外的情形，但这样做对你的理解帮助不大。大量例子都证实了边际效用递减法则。当你去吃自助餐时，你是否会一直吃个不停呢？显然不是。因为你总是会吃得酒足饭饱，从而不再有足够的动机离开座位去取食物。

当路过街角报亭时，尽管可以多买几份报纸，但你是否仍然只买了一份报纸呢？显然如此。因为第二份报纸给你带来的满足程度不及第一份报纸。

当你看到一款既合适又好看的牛仔裤时，你是否一下子就买下十几条呢？显然不是。因为你喜欢穿各种不同款式的裤子，所以第十二条同样款式的裤子所能给你带来的满足程度远不及第一条裤子。

表 5—1　　　　　　　从购买苹果和牛肉中获得的总效用和边际效用

苹果数量 (Q_A)	从购买苹果中获得的总效用	购买额外 1 个苹果的边际效用（MU_A）	牛肉数量（Q_B；磅）	从购买牛肉中获得的总效用	购买额外 1 磅牛肉的边际效用（MU_B）
1	50	50	1	1 000	1 000
2	90	40	2	1 800	800
3	115	25	3	2 025	225
4	137	22	4	2 125	100
5	158	21	5	2 175	50

□ 效用最大化

经济学家假设作为消费者的我们的目标是花费自己的收入以获得尽可能多的效用。经济学家说：消费者都希望使**效用最大化**（maximize utility）。那么，为了使效用最大化，我们应该购买哪些商品呢？每种商品的各自购买量为多少时，才能给我们带来最大限度的满足呢？

这些问题的答案取决于我们所要购买的商品的价格。但是，我们从苹果中获得的效用却并不取决于苹果的价格。不管是免费、昂贵还是刚刚好，你从第一个苹果中所获得的满足程度都是 50 效用单位。因此，效用和商品价格无关，我们的购买量才取决于商品价格。

假设你有 20 美元可以花费。每磅牛肉花费 5 美元，每个苹果花费 1 美元，你将如何分配这 20 美元呢？为了使效用最大化，单位美元支出应该给你带来尽可能大的额外满足程度。

根据表 5—1 中的信息，你的第一个 5 美元可以用来购买 1 磅牛肉，以便获得 1 000 效用单位的满足程度，此时，1 美元所获得的满足程度为 1 000/5＝200 效用单位。你接下来的 5 美元也可以用来购买第二磅牛肉，以便获得 800 单位的边际效用，此时 1 美元的效用为 160 单位。你总共花费了 10 美元，获得了 1 800 效用单位的满足程度。

接下来怎么办？你可以把接下来的 5 美元用来购买第三磅牛肉，以便获得 225 效用单位的满足程度，即 1 美元为 225/5＝45 效用单位。或者，你也可以把这 5 美元中的第一个美元用来购买单价为 1 美元的苹果，获得 50 效用单位的满足程度，即 1 美元为 50 效用单位。购买苹果能使你的效用达到最大化，因为你花费的1美元获得了50效用单位，这比你购买1/5磅牛肉所能获得的45效用单位要多。

为什么要这样做呢？每次我们都必须决定如何花费接下来的1美元，试图寻找哪种商品能给我们带来最高的满足程度。每次，我们都以1美元为单位来分配货币。那么，在现实中我们是否确实这么做呢？并不完全是，但有时会这么做。当你银行卡里的存款已经用完，钱包里也只剩下20美元时，你会如何花费这点钱呢？你显然会用这20美元购买那些能给你带来最大满足程度的东西。经济学家说：你会对收入进行配置，以便使效用最大化。

到目前为止，你已经花费了11美元，剩下9美元该怎么花？你可以再花5美元购买1磅牛肉，以便获得225效用单位的满足程度，即1美元45效用单位。这样一来，你便花费了16美元。

现在怎么办？不妨把剩下的4美元全部用来购买苹果，因为每个苹果给你带来的额外效用都高于购买第四磅牛肉的效用。总的来说，你用20美元购买3磅牛肉和5个苹果能使效用最大化。

这里，我们是否遵循了什么规律呢？我们对金钱进行分配，以便使花费的每一美元都能获得最大的边际效用。这符合了**效用最大化法则**（utility maximization rule）的要求，即如果消费者能使花在每种商品上的最后一美元都具有相同的边际效用，那么他们便使效用达到了最大化。当最后一美元支出符合下式时，消费者便能最大化其效用：

$$\frac{MU_A}{P_A}=\frac{MU_B}{P_B}=\frac{MU_C}{P_C}$$

其中，A、B、C分别表示消费者所购买的商品（例如，苹果、牛肉和胡萝卜）。

效用最大化法则对如表5—1所示的少量消费额而言并不完全起作用，但它仍然是近似于正确的。对消费量很大、消费者有很多金钱的情形而言，该法则显然成立。我们按照以下方式分配收入：使花在每种商品上的最后一美元都具有相等的单位边际效用（边际效用除以价格），以便最大化我们的总效用。

习题

2. 效用最大化法则是指什么？

3. 下表给出了从购买豆薯、爆米花和甘草糖中所能获得的总效用，它们的成本分别是2美元、3美元和1美元。将计算出来的数值填入 MU/P 一栏。假设你总共有15美元可以花费，则达成效用最大化的商品组合是怎样的？

豆薯（每份2美元）			爆米花（每袋3美元）			甘草糖（每块1美元）		
数量 (Q_J)	总效用 (TU_J)	单位美元的边际效用 (MU_J/P_J)	数量 (Q_K)	总效用 (TU_K)	单位美元的边际效用 (MU_K/P_K)	数量 (Q_L)	总效用 (TU_L)	单位美元的边际效用 (MU_L/P_L)
1	80		1	180		1	80	
2	120		2	330		2	140	
3	140		3	420		3	185	
4	150		4	480		4	210	
5	156		5	510		5	230	

□ 需求曲线向下倾斜

效用最大化法则和边际效用递减法则一起，解释了为什么需求曲线是向下倾斜的。

如果苹果价格出现上涨，那么会发生什么变化呢？我们从苹果消费中所获得的满足程度并不会因此出现不同，边际效用依然如故。但是，在价格上涨以后，单位美元的边际效用下降了。要是我们没有改变苹果的购买量，那么花费单位美元所获得的边际效用对所有商品而言不再相同。在苹果上的 MU/P 将低于其他商品。

此时，如果我们想使效用最大化，那么必须对支出进行重新分配，以便使花在所有商品上的最后一美元所获得的边际效用再次相等。为了实现这点，我们要对支出做出哪些改变呢？

这正是边际效用递减法则发挥作用的地方。我们知道边际效用将随消费量的增加而递减（下降）。反过来说，边际效用将随消费量的减少而上升。因此，如果你购买较少的苹果，那么从最后一个苹果中所获得的单位美元的边际效用（MU/P）将会增加。这恰好是使 MU/P 对所有商品再次取得相同值的方法。当苹果越来越贵时，不妨减少购买量。

推理思路如下：当一种商品的价格上涨时，其单位美元的边际效用会下降。如此一来，当前价格更高的商品的 MU/P 将会低于其他所有商品的 MU/P。我们将改变自己的支出（经济学家称：重新配置我们的预算），以便使当前价格更高的商品的 MU/P 上升。为了使边际效用上升，我们将减少对该商品的消费，从而使需求量下降。

我们之所以减少消费量，是因为存在边际效用递减法则：购买量减少将使我们从最后一单位商品中所获得的边际效用上升。价格越贵，则消费越少，从而边际效用越高……依此类推，所有商品的单位美元的边际效用都将再次相等。

习题

4. 当苹果和牛肉的价格分别为 1 美元和 5 美元时，达成效用最大化的方法是购买 3 磅牛肉和 5 个苹果。如果苹果的价格上涨到了 1.5 美元，那么用同样的 20 美元，你要如何分配各自的购买量才能使效用最大化？（假设你可以购买不足 1 磅的牛肉。）

苹果数量 (Q_A)	总效用	当 $p_A=1$ 美元时，单位美元的边际效用 ($MU_A/1$ 美元)	当 $p_A=1.5$ 美元时，单位美元的边际效用 ($MU_A/1.5$ 美元)	牛肉数量 (Q_B；磅)	总效用	当 $p_B=5$ 美元时，单位美元的边际效用 ($MU_B/5$ 美元)
1	50	50		1	1 000	200
2	90	40		2	1 800	160
3	115	25		3	2 025	45
4	137	22		4	2 125	20
5	158	21		5	2 175	10

预算约束

你并非总是能够得到所需之物。我们要受到预算的约束。不管我们是否只能花费自己的当前收入，还是当前收入加上一些储蓄或借贷，总会存在某个总预算额以限制或约束我们的支出。经济学家说：我们面临**预算约束**（budget constraint）。

假设你 1 个月内可以花费的总预算是 1 000 美元，则你如何花费这些钱将取决于你所购买之物的价格和数量。如果苹果的单价为 1 美元，那么你至多可以购买 1 000 个苹果。如果牛肉的单价为 5 美元，那么你至多可以购买 200 磅牛肉。如果胡萝卜的单价为 2 美元，那么你至多可以购买 500 磅胡萝卜。或者，你也可以购买苹果、牛肉和胡萝卜的某个潜在组合，只要你的总支出不超过 1 000 美元即可。

我们可以用一个公式来阐述这些信息，其中 P 表示价格，Q 表示数量：

$$P_A \times Q_A + P_B \times Q_B + P_C \times Q_C \leq 总预算$$

或者，在我们的例子中，

$$1\text{美元} \times Q_{\text{苹果}} + 5\text{美元} \times Q_{\text{牛肉}} + 2\text{美元} \times Q_{\text{胡萝卜}} \leqslant 1\,000\text{美元}$$

也即，

1 美元×苹果数量＋5 美元×牛肉数量＋2 美元×胡萝卜数量≤1 000 美元

因此，你可以购买 100 个苹果、100 磅牛肉和 200 磅胡萝卜。或者，你也可以购买 250 个苹果、110 磅牛肉和 100 磅胡萝卜。当然，也有可能是其他组合。

如果只有两种商品可供我们选购，那么预算约束便能通过图形描述。不妨假设这两种商品是苹果（A）和牛肉（B），售价分别为 1 美元和 5 美元，总预算仍然为 1 000 美元。

我们用纵轴表示所能购买的苹果数量（Q_A），纵轴截距表示你所能购买的最大苹果数量。该最大数量即总预算除以苹果单价：1 000 美元/1 美元＝1 000 个苹果。因此，纵轴截距表示 1 000 个苹果。

横轴用来表示所能购买的牛肉数量（Q_B）。你所能购买的最大牛肉数量即 1 000 美元/5 美元＝200 磅牛肉。因此，横轴截距表示 200 磅牛肉。

连接纵轴和横轴上的两个截距点，我们便得到了一条直线，如图 5—2a 所示。任何落在该直线上面或左边的苹果和牛肉的数量组合都是可能的。该直线上面的组合表示全部预算都用完的情形。经济学家把这条直线称为**预算线**（budget line）。

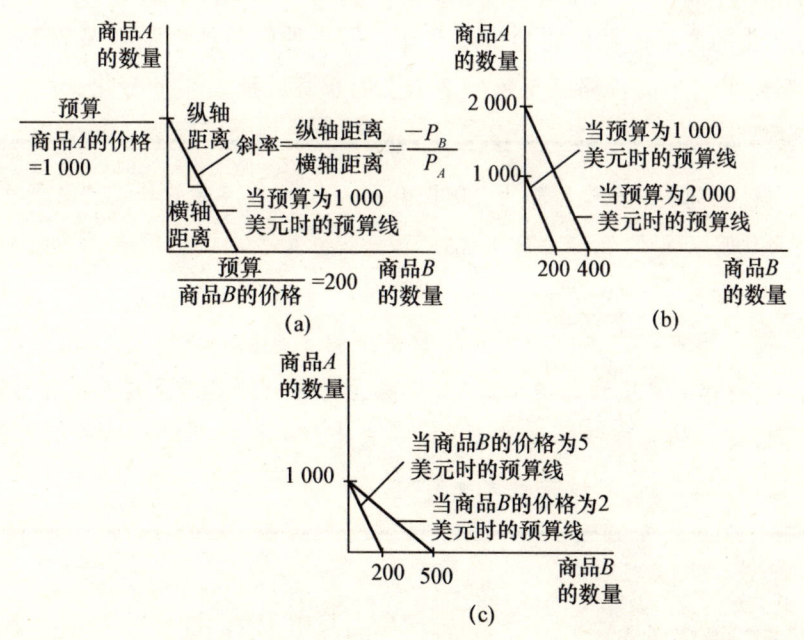

图 5—2 预算线

预算线用来描绘消费者有能力购买的商品 A 和商品 B 的组合。预算线的斜率为 $-P_B/P_A$。在图 5—2b 中，由于总预算收入从 1 000 美元增至 2 000 美元，预算线出现了外移。在图 5—2c 中，由于商品 B 的价格从 5 美元跌至 2 美元，预算线出现了旋转。

预算线的斜率（slope of the budget line）（注意：斜率即纵轴距离除以横轴距离）等于两种商品间的价格之比。因此，我们可以利用两个截距来计算斜率。纵轴距离即纵轴截距值，等于总预算除以苹果价格：预算/P_A。横轴距离即横轴上的截距值的相反数，等于总预算除以牛肉价格的相反数：—预算/P_B。因此，

$$\text{预算线的斜率} = \frac{\text{纵轴距离}}{\text{横轴距离}} = \frac{\text{预算}/P_A}{-\text{预算}/P_B} = -\frac{P_B}{P_A}$$

预算线的斜率即横轴所表示的商品的价格和纵轴所表示的商品的价格之比的相反数。

提示

注意不要遗漏负号！因为预算线向下倾斜，所以它的斜率为负。

当总预算增加时，整条预算线将会出现移动，但斜率仍然保持不变。预算线出现移动是因为截距发生了变化。斜率保持不变是因为商品价格没有发生变化。图5—2b描绘了当总预算增加至2 000美元时预算线的移动情况。此时，我们能购买更多的两种商品。

当两种商品中的一种商品的价格发生变化时，预算线将会出现旋转。价格发生变化的商品的截距将会出现变动，另一种商品的截距则保持不变。图5—2c描绘了当牛肉价格跌至每磅2美元时预算线所发生的变化。

习题

5. 假设你的月度总预算为2 000美元。每加仑汽油的价格为4美元，每平方英尺住房面积的价格为2美元。画一条预算线，以纵轴表示汽油，以横轴表示住房面积。

6. 在上题中，你画出的预算线的斜率为多少？

7. 假设你的月度预算增加到3 000美元。这对预算线及其斜率有何影响？

8. 假设你的月度预算仍然为2 000美元，而每加仑汽油的价格下跌到2美元。画一条新的预算线表示这种影响。

无差异曲线

效用分析只是解释需求曲线为何向下倾斜的方法之一，另一种方法是使

用无差异曲线。两者都以同样的观念为基础：人们从对商品和服务的消费中获得效用，且随着消费的某种商品的数量越来越多，从额外一单位该商品中所获得的边际效用会不断下降。总支出要受预算约束的限制。

提示 ☞

一些经济学老师可能不会在经济学原理课程中讨论无差异曲线问题。看看你的教学大纲和教材是不是这样的。

这里，一个重要的假设是只存在两种商品可供我们消费，即 A（苹果）和 B（牛肉）。问题是，作为单个消费者，苹果和牛肉数量之间怎样组合才能使我们获得相同的效用程度？100 个苹果和 50 磅牛肉可能给你带来 1 000 效用单位的总效用。如果你现在只消费 80 个苹果，那么为了使自己仍能获得 1 000 效用单位的满足程度，你需要消费多少磅牛肉呢？显然，你在此时必须消费多于 50 磅的牛肉。80 个苹果和 60 磅牛肉的消费组合可能会给你带来 1 000 效用单位的满足程度。如果你消费了 120 个苹果呢？45 磅牛肉和 120 个苹果的消费组合可能会使你获得 1 000 效用单位的满足程度。

那么，你是否更偏好于上述三种苹果和牛肉组合中的某种组合？显然不会。不管是哪种组合，你都同样满意。为什么呢？因为每种组合都能给你带来相同的效用满足程度。经济学家说：你在这三种可能的苹果和牛肉消费组合中是**无差异的**（indifferent），因为它们会给你带来相同的总效用。

显然，无差异曲线是一系列曲线。这种分析可以用图形来表述。画一张图，表示出能使你获得 1 000 效用单位满足程度的所有苹果和牛肉组合。经济学家把这条曲线称为**无差异曲线**（indifference curve）。

无差异曲线看上去具有如图 5—3a 所示的形状。它是向下倾斜的，因为为了使总效用保持不变，更多的牛肉（B）需用更少的苹果（A）加以弥补。无差异曲线之所以不是一条直线，是因为存在边际效用递减法则。如果你所消费的牛肉数量还不够，那么你会愿意放弃一些苹果来获得少量牛肉。但是，如果你已经消费了大量牛肉，那么你将不愿放弃一些苹果来交换牛肉，因为此时更多的牛肉只能给你带来非常小的额外满足程度。经济学家把曲线的这种倾斜形状称为无差异曲线**凸向原点**（convex to the origin）。

无差异曲线的斜率（slope of the indifference curve）取决于苹果和牛肉各自的边际效用程度。当你沿无差异曲线移动时，斜率将会发生变化。图 5—3a 描绘了这点。（记住：无差异曲线上任何地方的总效用都将保持不变。）

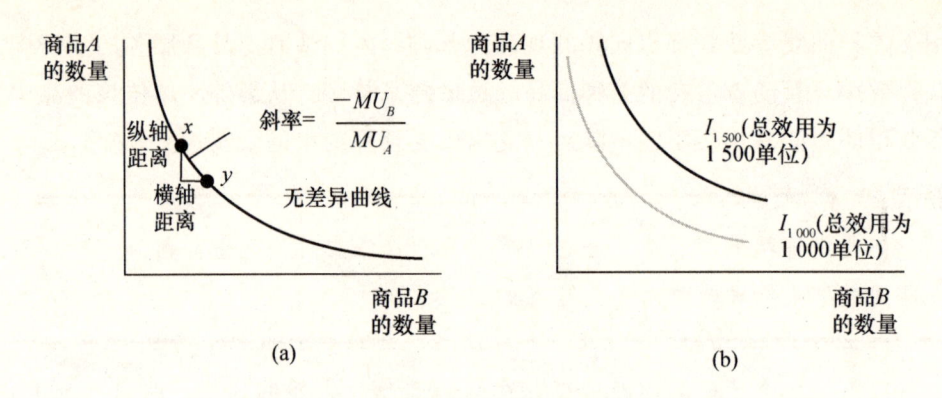

图 5—3　无差异曲线

一条如图 5—3a 所示的无差异曲线描述了具有相同总效用的商品 A 和商品 B 的多种组合。无差异曲线是向下倾斜的，因为消费更多的 B 必须由消费更少的 A 弥补。无差异曲线之所以凸向原点，是因为存在边际效用递减法则。无差异曲线的斜率等于 $-MU_B/MU_A$，经济学家称之为边际替代率。在图 5—3b 中，无差异曲线 $I_{1\,000}$ 表示能提供 1 000 单位总效用的商品 A 和商品 B 的组合。用来表示能提供更多效用的商品 A 和商品 B 的组合的无差异曲线将离原点更远。无差异曲线 $I_{1\,500}$ 表示能提供 1 500 效用单位满足程度的商品 A 和商品 B 的组合。

当你在点 x 和点 y 之间移动时，总效用并不会发生变化。虽然你损失了 $\Delta Q_A \times MU_A$（记住：MU_A 指从消费额外一单位 A 中所获得的效用变化幅度）的效用，但你也获得了 $\Delta Q_B \times MU_B$ 的效用。总效用并未发生变化，因此损失的效用加上获得的效用之和必定等于零。

$$\Delta Q_A \times MU_A + \Delta Q_B \times MU_B = 0$$

即：

$$\Delta Q_A \times MU_A = -\Delta Q_B \times MU_B$$

$$\frac{\Delta Q_A}{\Delta Q_B} = -\frac{MU_B}{MU_A}$$

ΔQ_A 即"纵轴距离"，ΔQ_B 即"横轴距离"。因此，$\Delta Q_A/\Delta Q_B$ 即无差异曲线的斜率：

$$斜率 = \frac{纵轴距离}{横轴距离} = \frac{\Delta Q_A}{\Delta Q_B} = -\frac{MU_B}{MU_A}$$

无差异曲线的斜率是两种商品边际效用之比的相反数。斜率测算了我们用牛肉（以横轴表示）替代苹果（以纵轴表示）的比率。经济学家说：无差异曲线的斜率即**边际替代率**（marginal rate of substitution）。

当我们从左上方开始沿一条无差异曲线朝右下方移动时，曲线将会变得越来越平坦。忽略负号，斜率值将变得越来越小（越来越接近于零）。无差异曲线之所以变得越来越平坦，是因为存在边际效用递减法则。经济学家说：由于边际效用递减法则，当我们用越来越多的商品 B 来替代商品 A 时，将会存在**边际替代率递减**（diminishing marginal rate of substitution）现象。

当消费更多的苹果和牛肉时，无差异曲线将会离原点更远。无差异曲线离原点更远，表示所获得的总效用更高。在图5—3b中，我们看到了两条无差异曲线。一条表示总效用为1 000效用单位，另一条位于第一条曲线右方的无差异曲线表示总效用为1 500效用单位。

习题

9. 假设你每月能从消费150加仑汽油和600平方英尺住房面积中获得500效用单位的满足程度。同样地，你每月也能从消费100加仑汽油和900平方英尺住房面积中获得500效用单位的满足程度。根据这些信息，画一条无差异曲线，用I_{500}表示。接着，再画一条无差异曲线，表示你获得800效用单位满足程度时的汽油和住房面积组合。

10. 无差异曲线上任意两点之间的斜率为多少？

11. 一条无差异曲线上任意两点之间的斜率是否相同？换言之，当你沿曲线移动时，斜率是否会发生变化？

12. 为什么无差异曲线是一条凸向原点的曲线，而不是一条直线？

消费者均衡和需求曲线

无差异曲线是解释为什么需求曲线会向下倾斜的第二种方法。我们用一张图来同时描绘预算约束和无差异曲线。我们假设，消费者想尽可能地获得最高的效用程度。这意味着消费者会选择离原点距离最远的那条无差异曲线。

与此同时，消费者要受他们预算的约束，因此，他们所能购买的商品组合必须落在预算线上或左边。

图5—4描述了这点。图中，消费者能够支付任何一对苹果（A）和牛肉（B）的数量组合，只要它们落在预算线上或左边。因此，点1所对应的A_1个苹果和B_1磅牛肉的组合是消费者能够承担的，但这一组合并不能获得最高的效用程度。

消费者所能获得的最高效用程度可以用点2表示，此时苹果为A_2个，牛肉为B_2磅。点2所表示的苹果和牛肉的组合落在预算线上，因此消费者有能力承担。在点3处，其所表示的产品组合为A_3个苹果和B_3磅牛肉。尽管该点能提供更多的效用，但是因为它落在预算线的右方，所以消费者支付不起。消费者的最佳做法（既满足预算约束又使效用最大化）是选择点2所对应的 A_2 个苹果和 B_2 磅牛肉的组合。在点2处，预算线恰好是无差异曲线的**切线**（tangent）。

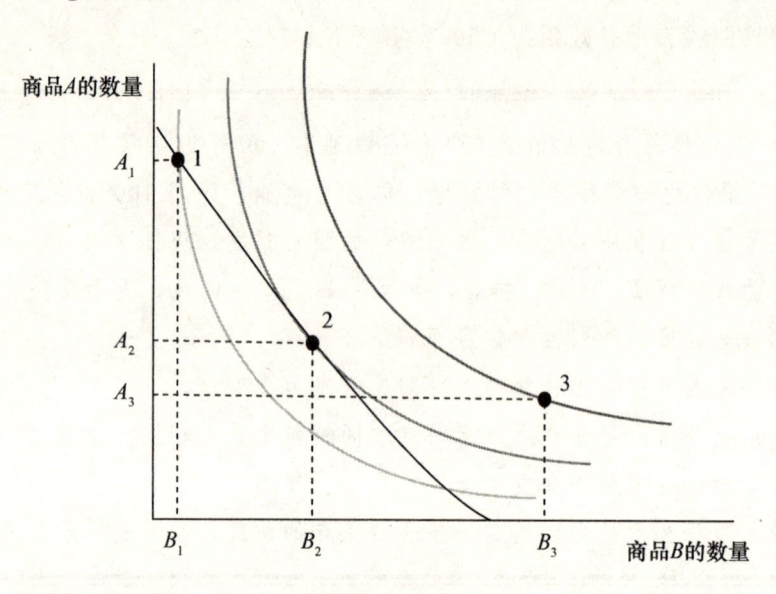

图 5—4 效用最大化

一个效用最大化的消费者将会购买 A_2 单位的商品 A 和 B_2 单位的商品 B，此时预算线恰好为距原点最远的无差异曲线的切线。点1所对应的商品组合虽然消费者也能承担，但其并未使效用最大化。而点3所对应的商品组合消费者承担不起。

习题

13. 根据下列4句描述，分别在下图中用符号 A、B、C、D 标注出来：

A. 消费者能够承担且能使效用最大化的 G 和 H 的组合。

B. 消费者能够承担但未能使效用最大化的 G 和 H 的组合。

C. 消费者不能承担且所提供的效用小于最大效用的 G 和 H 的组合。

D. 消费者不能承担但所提供的效用等于点"A"的 G 和 H 的组合。

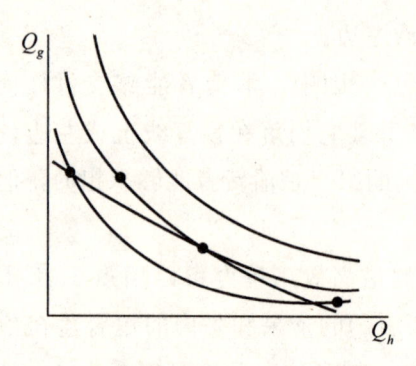

14. 画一张图,给出满足效用最大化的鸡蛋（E,用纵轴表示）和沙拉三明治（F,用横轴表示）的组合。不要忘记画上预算线。

需求曲线用来表示当价格发生变化时需求量的变化情况。经济学家用无差异曲线来解释为什么需求曲线会向下倾斜。（记住：需求曲线之所以向下倾斜,是因为当价格下跌时,需求量会出现增加。）

那么,对苹果的需求量如何呢？（记住：需求量是指对应于一个特定价格,消费者有意愿且有能力购买的数量。）预算线是在苹果价格取特定值时画出来的。因此,无差异曲线只和效用有关,它们在价格出现变化时也不会发生变动。

图5—5给出了当苹果的价格出现上涨时的情形。在原来的价格水平上,如图5—4所示,我们知道苹果的需求量是 A_2 个。该点在图5—5中仍然用点"2"表示。

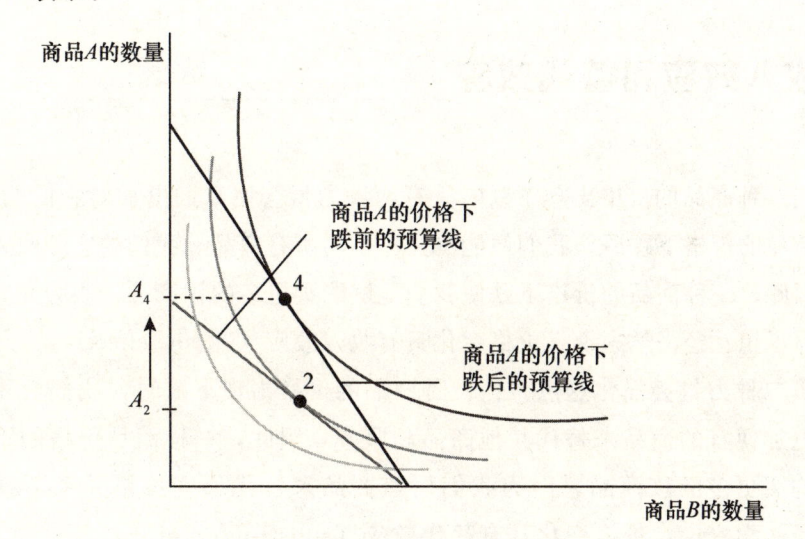

图5—5 需求量随价格的变化而变化

当商品 A 的价格出现下跌时,预算线将会向右上方旋转。此时,一个效用最大化的消费者将会购买 A_4 而非 A_2 单位的商品 A,因为随着商品 A 价格的下跌,对 A 的需求量将会增加。

如果苹果的价格出现下跌,情况又会怎样呢？当苹果的价格下跌以后,预算线将会向上旋转。更低的价格使消费者能购买更多的苹果,从而使无差异曲线出现上移。价格下跌后新的苹果需求量为 A_4。对应于一个更低的价格,需求量增加。需求曲线仍然向下倾斜。

习题

15. 在下图中,点 A 表示给定预算约束时你所能购买的满足效用最大化的汽油和住房面积组合。当汽油的价格出现上涨时，预算线会发生什么变化？在图上画出来，并标出汽油需求量的变化情况。试问：汽油需求曲线是否仍然向下倾斜？

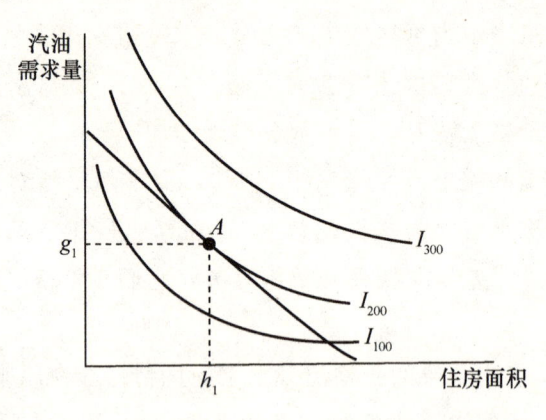

收入效应和替代效应

当一种商品的价格出现下跌时，有两种力量会使我们增加对它的购买量。当该商品的价格下跌后，我们便能购买更多的所有商品。我们的实际收入会增加。因此，一种商品的价格下跌使我们能够购买更多的该产品，因为此时我们有能力承担。经济学家说：价格变化具有**收入效应**（income effect）。

第二种力量会强化这点。当一种商品的价格出现下跌时，我们会用现在已经更加便宜的商品来替代其他商品和服务。因此，一种商品价格的下跌使我们购买更多的该商品，因为我们用该商品来替代那些价格并未下跌的商品。经济学家说：价格变化具有**替代效应**（substitution effect）。

收入效应和替代效应都能使我们得出"需求曲线向下倾斜"的结论。当一种商品的价格出现下跌时，我们对它的需求量将会增加。

结 论

对许多学生而言，消费者理论可能是微观经济学中最难掌握的内容。因此，一些老师在教授经济学原理课程时可能会一带而过。记住这点很重要：需求曲线向下倾斜。

第6章 完全竞争企业

为什么供给曲线会向上倾斜？因为当价格上涨时，销售者会增加供给量。但原因何在呢？答案在于企业获取利润最大化的方法。在本章中，我们将讨论产出、成本和完全竞争企业是如何制定生产决策的。我们既考虑了企业的短期（资本固定时期）决策，又考虑了它们的长期（资本可变时期）决策。

重要术语和概念

边际收益递减	固定资本
边际成本	可变投入
利润	边际产出
利润最大化	总产出
成本	生产函数
产出	总成本
短期	固定成本
资本	可变成本
长期	边际成本曲线

平均可变成本　　　　　　　　　寡头
平均固定成本　　　　　　　　　不完全竞争
生产规模　　　　　　　　　　　价格接受者
长期平均总成本曲线　　　　　　收益
规模收益不变　　　　　　　　　边际收益
规模经济　　　　　　　　　　　会计利润
规模收益递增　　　　　　　　　经济利润
规模不经济　　　　　　　　　　正常资本收益率
规模收益递减　　　　　　　　　超额利润
利润最大化条件　　　　　　　　经济损失
完全竞争　　　　　　　　　　　正常利润
垄断　　　　　　　　　　　　　退出
垄断竞争　　　　　　　　　　　停产点

重要公式

平均总成本公式
总利润公式
利润最大化条件公式

重要图形

长期平均总成本曲线图
完全竞争企业的利润最大化图
停产点图

产出和利润最大化

　　当企业试图获得更多的产出时，它们必须使用更多的投入。如果企业只有3台机器，那么一旦雇用更多的工人以后，对机器的使用将会更加拥挤。相对于只有6名职员和3台收银机的小店，有15名职员和3台收银机的小店里的职员将花费更多的等待时间，以便有闲置的机器可供使用。因此，一旦所有机器都忙于运作，增加额外工人的帮助或许并不明显——这样做可能不会获得较大的产出。经济学家说：当企业一方面增加某种投入（工人），另一方面却保持其他投入（机器数量）不变时，它们会碰到**边际收益递减**

(diminishing marginal returns) 问题。

沿这种思路扩展下去，我们将会得出一些关于产出成本的洞见。如果只有 3 台机器，那么我们增加产出的代价会越来越高。随着产出不断增加，获得额外产出的额外成本（**边际成本**）（marginal cost）也会不断提高。不妨以一家生产螺旋笔记簿的厂商为例。当日产量为 1 000 本笔记簿时，和日产量为 8 000 本笔记簿相比，多生产 100 本笔记簿的成本相对更低。经济学家说：一旦出现边际收益递减，边际成本将会上升。

企业从事生产是为了获取**利润**（profit）。我们假设企业的生产目标是**利润最大化**（maximize profit）。如果一项活动能增进企业利润，那么将会得到实施。如果它会减少利润，那么将不会得到实施。

利润是指**收益**（revenue）和**成本**（cost）之间的差额。因此，如果收益的增加大于成本的增加，那么利润也将增加。

假设笔记簿厂商当前的日产量为 6 000 本，那么它是否应当多生产 100 本笔记簿呢？答案取决于多生产和销售这 100 本笔记簿所能获得的额外收益（**边际收益**）（marginal revenue）及其额外成本（边际成本）。如果额外收益大于额外成本，那么就应该多生产 100 本笔记簿，因为这么做可以增加利润。

但是，如果从生产和销售这 100 本笔记簿中所获得的额外收益低于额外成本，那么厂商就不应该生产它们，因为这样做会使利润减少。

习题

（所有习题的答案，参见本书后面。）

1. 假设企业每周能获得 4 000 美元收益，对应的成本为 3 000 美元，则每周的利润是多少？

2. 目前，佩佩的比萨店每周生产 400 份比萨。假设他多生产和销售 40 份比萨的收益和成本分别是 400 美元和 500 美元，则多生产这些比萨是使佩佩的利润增加、减少还是保持不变？

生产曲线、成本曲线与利润最大化

现在，我们开始阐述利润最大化。我们先将它分解开来，然后借助一些图形进行阐述。**产出**（production）是指把投入——劳动、机器和原材料等——组合成产出品。经济学家把**短期**（short run）定义为部分投入的数量固定的时期。简单的例子如企业的建筑面积和机器数量。**资本**（capital）主要是指厂房和机器。因此，经济学家通常会说：在短期内，资本的数量是固定不变的。

长期（long run）是指这样一个时期，在该时期内，投入的数量可以发生变化。企业可以出售其厂房或解除租赁关系，也可以转售或添置机器设备。

短期和长期到底是指几天、几周还是几个月并不是事先确定的。时间的长短取决于行业状况。不妨比较出租车司机和汽车制造商的情况。对于出租车司机而言，他的**固定资本**（fixed capital）是指出租车和执照。如果出租车司机决定退出该行业，那么他需要花费多久才能处理好他的出租车和执照呢？并不会太久。或者，假设你决定要做一名出租车司机，你需要花费多长时间才能租到一辆出租车并获得执照呢？同样也不会太久。对于汽车制造商而言，固定资本是指厂房和设备。如果汽车制造商决定退出该行业，那么它需要花费多久（或多少年）才能转售或处理好它的厂房和设备呢？这可能需要好几年。因此，相对于出租车司机而言，汽车制造商的长期所指的时间要更长。

在短期内，资本数量是固定的。因此，要改变产出，只需要改变其他投入〔即**可变投入**（variable inputs）〕即可。随着和固定资本数量相匹配的投入不断增加，企业将获得更多的产出。当使用单位投入能获得额外的产出时，该产出即额外投入所对应的**边际产出**（marginal product）。

例如，假设一个配有3台机器和4名工人的企业当前每天能生产100单位产出。当它多雇用1名工人以后，**总产出**（total product）从100上升到了110。那么，第5个工人的边际产出即10单位。

当一家企业开始招募工人时，某种专业化便会起作用。企业总产出会迅速增加。但是在某个点上，由于受到固定资本数量的限制，增加工人供给所带来的产出并不会太多。经济学家说：边际产出在开始时上升，而一旦收益递减发挥作用，边际收益便会随可变投入的增加而下降。

生产函数（production function）描绘了总产出是如何取决于可变投入的。在图6—1中，我们给出了生产函数（或总产出）曲线和边际产出曲线。

习题

3. 相比于一个在周末画廊和工艺品展销市场上出售作品的艺术家，全球大型连锁咖啡店星巴克的"长期"要包含更长的时间。原因何在？

4. 假设10名工人和2台烤箱每周能生产400份比萨，11名工人和2台烤箱每周能生产430份比萨，12名工人和2台烤箱每周能生产455份比萨。那么，第11名工人和第12名工人的边际产出分别是多少？

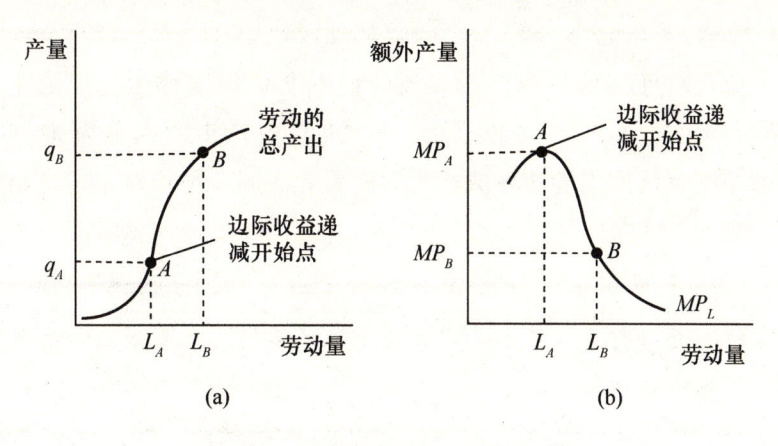

图 6—1　总产出曲线和边际产出曲线

如图6—1a所示的总产出曲线描绘了当可变投入（劳动）发生变化时对应的总产量水平。当劳动量为 L_A 时，总产出为 q_A；当劳动量为 L_B 时，总产出为 q_B。从点 A 开始，劳动的边际收益出现递减，总产出曲线变得更加陡峭。图6—1b描绘了劳动的边际产出情况。当劳动量为 L_A 时，多增加1名工人的额外产出为 MP_A；当劳动量为 L_B 时，多增加1名工人的额外产出为 MP_B。从点 A 开始，劳动的边际收益出现递减，在点 A 边际产出曲线取得最大值。

□ 成本曲线

生产关系决定了生产成本。在短期（资本固定时期）内，生产更多的产出需要更多的可变投入。当企业雇用更多的工人时，生产的**总成本**（total cost）将会上升。

总成本分为两大类。**固定成本**（fixed cost）即固定投入的成本，通常是指资本。记住：固定投入是指在短期内不能改变的投入。固定资本和企业产量无关。不管是否生产，是大量生产还是少量生产，固定资本的总量都将保持不变。

另一类成本称为**可变成本**（variable costs）。可变成本是指支付可变投入所产生的成本。可变成本将随企业产量的变化而变化。没有生产，就不存在可变成本；大量生产，就会产生大量可变成本。

习题

5. 在以下陈述中，哪些属于固定成本，哪些属于可变成本？

雪莉开了一家发廊。她每月需交4 000美元租金和400美元电费。之前，她添购了一些洗发槽和造型设备，共花了5 000美元。她每年要交6 000美元的保险费。此外,雪莉雇用了 2 名员工来帮她完成洗发和理发等事情,每人每小时需支付 11 美元。每周,她还必须支付 100 美元的洗发水和护发品开支。

为了获得额外一单位产出所导致的成本变化幅度称为边际成本。假设 1 000 单位产出的成本为 3 000 美元,1 100 单位产出的成本为 3 500 美元,则增加的 100 单位产出的边际成本为 500 美元。即,平均每单位产出的边际成本为 5 美元。

提示 ☞

边际成本是一种可变成本,因为当企业产量发生改变时,只有可变成本而非固定成本会跟着改变。

由于边际收益将随投入的增加而递减,所以生产更多产出的成本将会上升。一旦边际收益递减开始起作用,随着企业产量的增加,边际成本上升。图 6—2a 描绘了一条**边际成本曲线**(marginal cost curve)。

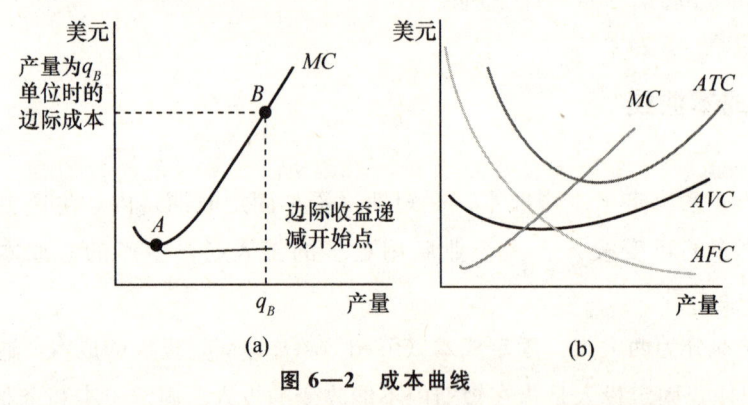

图 6—2 成本曲线

如图 6—2a 所示,一旦边际收益递减自点 A 开始发挥作用以后,边际成本(MC)将随产出的增加而上升。平均总成本如图 6—2b 所示。在任何产出水平,平均固定成本(AFC)都是下降的。当产量较低时,平均总成本和平均可变成本(AVC)一开始下降,随后将随产出的继续增加而上升。

平均总成本等于总成本除以产量。即

平均总成本=总成本/产量

当企业产量较低时,平均总成本(ATC)将随产量的增加而下降。固定成本由越来越多的产出所平摊,这促使平均总成本下降。但最终,随着产量不断增加以后,平均总成本也将上升。此时,由于递减的边际收益超过了**平均固定成本**(average fixed cost)的下降幅度,所以不断上升的**平均可变成本**(average variable cost)将使平均成本上升。如图 6—2b 所示。

提示

在和边际成本（MC）曲线相交之前，平均总成本（ATC）曲线都是向下倾斜的；随后，它将向上倾斜，意味着平均总成本开始上升。因此，平均总成本在平均总成本曲线与边际成本曲线相交处取得最小值。

习题

6. 画图表示通常情况下的 MC 和 ATC 曲线。两条曲线的交点表示什么含义？

7. 假设每天生产 100 件玩具娃娃的总成本为 200 美元，生产 101 件玩具娃娃的总成本为 212.10 美元。那么，当每天产量为 100 和 101 时，平均总成本分别为多少？第 101 件玩具娃娃的边际成本为多少？

8. 在短期内，当玩具娃娃的产量从 100 增至 101 时，哪种成本会出现上升，固定成本还是可变成本？

长期平均成本

短期是指一段足够短的时期，在该时期内，资本（机器和厂房）数量保持不变。长期是指一段足够长的时期，在该时期内，资本数量可能发生变化。由于产出（**生产规模**）(scale of production) 发生了变化，所以企业会对资本投入做出相应调整。

一家生产规模较小的企业只需配备少量机器。附近的面包店有几台烤箱呢？一家生产规模较大的企业需要配备更多的机器。万德面包店有几台烤箱呢？相对于附近的小面包店而言，万德面包店显然配有更多的面包烤箱。

当企业确定需要几台机器以后（附近的面包店已经配备了 2 台烤箱），它在短期内便可以开工了。因为可变投入的边际收益是递减的，所以企业的边际成本将随产出的增加而上升。平均总成本曲线将具有一般的形状。当产出较低时，企业的平均总成本一开始下降；当降到和边际成本相等时，便会随产出的继续增加而上升。

但是，如果企业想扩大产量，那么它很可能会对资本进行调整。我们不妨假设附近的面包店深受客户欢迎。为了能在早高峰前准备好待售的面包，厨师现在必须从凌晨 1 点就开始烤面包。因此，面包店老板决定再添购 1 台烤箱，以便可以让员工晚点起来工作。这里，添购1台烤箱会改变企业的资本存量，所以它属于长期决策。

一旦企业配备了第3台烤箱，它的生产成本便会发生改变。添置第3台烤箱会降低面包店为满足当前市场需求所支付的平均成本。同理，随着企业产出的增加，平均总成本一开始下降；但当降到和边际成本相等时，便会随产出的继续增加而上升。

图6—3a可以用来阐述这点。图中，MC_2和ATC_2表示当面包店只有2台烤箱时的成本曲线。对应于一个更高的产出水平，企业决定购买第3台烤箱。第3台烤箱会使平均总成本下降，并使边际成本曲线移至MC_3。

现在，我们设想一下附近面包店所有可能的产出水平。有了充裕的时间和良好的计划，面包店便会根据产量高低来调整对机器的使用程度。我们可以用如图6—3b所示的**长期平均总成本曲线** [long-run average total cost ($LRATC$) curve] 表示生产每种可能产出水平所对应的平均成本，此时，企业不仅能改变可变投入，而且能改变固定投入。

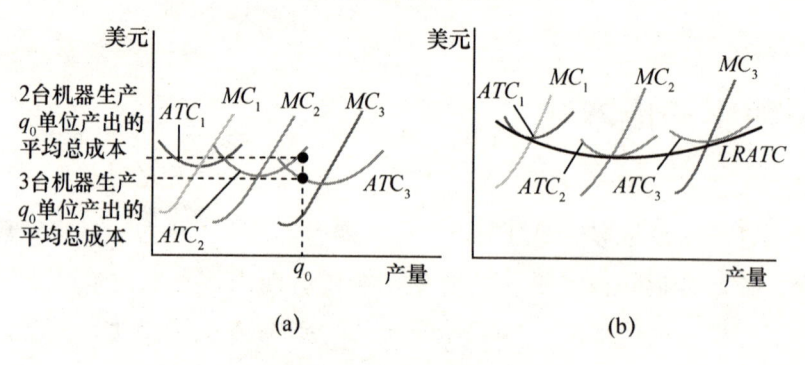

图6—3 长期成本曲线

在长期内，企业将根据产出的变化而改变资本总量。在图6—3a中，相对于业主有3台机器（ATC_3）而言，业主只有2台机器（ATC_2）时生产q_0单位产出的平均总成本要更高。如图6—3b所示的长期平均总成本（$LRATC$）描绘了对应于任何一个长期产出水平的平均总成本，此时企业能自由改变资本总量。

当产出增加时，长期平均总成本是上升、下降还是保持不变呢？这主要取决于企业的特征和产出水平。如果随着企业规模（产出水平）的不断扩张，长期平均总成本保持不变，那么经济学家就称该企业具有**规模收益不变**（constant returns to scale）。长期平均总成本曲线将是一条水平的直线。

当长期平均总成本随规模的扩张而下降时，经济学家称该企业具有**规模经济**（economies of scale）或**规模收益递增**（increasing returns to scale）。长期平均总成本曲线将会向下倾斜。

当长期平均总成本随规模的扩张而上升时,经济学家称该企业具有**规模不经济**(diseconomies of scale)或**规模收益递减**(decreasing returns to scale)。长期平均总成本曲线将会向上倾斜。

利润最大化

利润即收益和成本之间的差额。许多教材用以下公式表示这种关系:

$$利润 = 总收益(TR) - 总成本(TC)$$

利润指的是企业从销售产品中所获得的货币收益,等于价格乘以数量。

为了使利润最大化,企业应当在边际收益等于边际成本的产量上生产。这即为**利润最大化条件**(profit-maximizing condition)。为了使利润最大化,产量必须满足:

$$MR = MC$$

行业类型

企业如何最大化利润主要取决于企业所属的行业类型。根据企业所属行业的竞争类型,经济学家把行业类型分为下列4种。

1. **完全竞争行业**

完全竞争行业具有以下几个特征:
- 该行业包含许多小企业;
- 任何一家企业都不占据一个较大的市场份额;
- 所有企业都生产同质产品;
- 该行业中,不存在进入壁垒和退出壁垒。

2. **垄断行业**

在垄断行业中只存在一家企业,其他企业不能进入该行业。因此,垄断行业具有以下几个特征:
- 该行业中只有一家企业;
- 只生产一种特定的产品;
- 该行业存在进入壁垒。

3. 垄断竞争行业

这种行业类型是完全垄断和完全竞争的一种中和。垄断竞争行业具有以下几个特征：

- 该行业存在许多企业；
- 在该行业中，不同企业所生产的商品之间既有相似性又不可以完全替代；
- 该行业不存在进入壁垒或退出壁垒。

4. 寡头行业

寡头行业具有以下几个特征：

- 该行业中可能有许多企业，也可能只有少数几家企业；
- 少数几家（3家或4家）企业加起来能控制大量（80%～90%）市场份额；
- 生产的产品可能同质也可能不同质；
- 该行业中可能存在进入壁垒，也可能不存在进入壁垒。

习题 ☞

9. 下列各种商品和服务分别对应于哪种行业类型：完全竞争、垄断、垄断竞争还是寡头？
   - 地方农产品市场上出售的夏季南瓜。
   - 航空运输。
   - 酒店餐饮。

在需求和供给模型中，向上倾斜的供给曲线只适用于完全竞争型企业。其他3种行业类型——垄断、垄断竞争和寡头——被认为是**不完全竞争**（imperfect competition）的主要形式。本章我们先考虑完全竞争型企业的利润最大化问题。第7章再讨论其他企业类型的利润最大化问题。

提示 ☞

目前为止，我们所讨论的内容都和行业类型无关。它们同时适用于完全竞争、垄断、垄断竞争和寡头这4种行业类型。

对于完全竞争企业而言，价格由市场供给和市场需求决定，企业把价格当做是给定的。经济学家说：完全竞争企业是**价格接受者**（price takers）。

企业对所有消费者索取一个相同的价格。因此，如果企业想多销售1单位产出，它所获得的额外**收益**（revenue）等于该商品的单位价格。经济学家说：对于完全竞争企业，**边际收益**（marginal revenue）等于价格。

经济学家通常用图形来表示这种关系。因为完全竞争企业的边际收益等于价格，所以边际收益曲线是一条水平直线。边际成本曲线则仍然向上倾斜。利润最大化的产量落在边际收益曲线和边际成本曲线相交之处。如图6—4a所示。

如果市场价格上涨，那么完全竞争企业的利润最大化产量也会增加，如图6—4b所示。企业的边际成本曲线和供给曲线相交。对行业中所有单个企业的供给曲线进行加总，我们便能得到市场供给曲线。

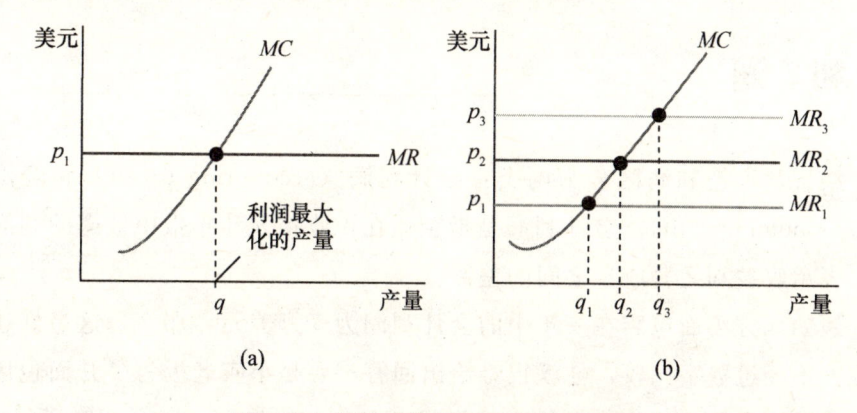

图6—4　边际成本曲线和边际收益曲线

一个利润最大化的企业的产量必须满足边际收益（MR）等于边际成本（MC）。完全竞争型企业面临一条水平的边际收益曲线，如图6—4a所示。当市场价格上涨时，企业的供给量也会相应增加，如图6—4b所示。

那么，为什么供给曲线会向上倾斜呢？说到底，这是因为边际成本曲线向上倾斜。至于边际成本曲线为什么会向上倾斜，原因在于边际收益递减法则。

习题

10. 在下图中标出横轴和曲线的名称，并找出利润最大化的产量。

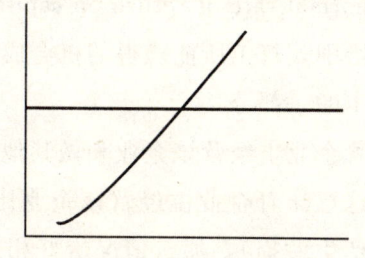

11. 根据下图回答问题。当价格等于 p_1 时，利润最大化产量为多少？

当价格等于 p_2 时,利润最大化产量为多少?当价格等于 p_3 时,利润最大化产量为多少?

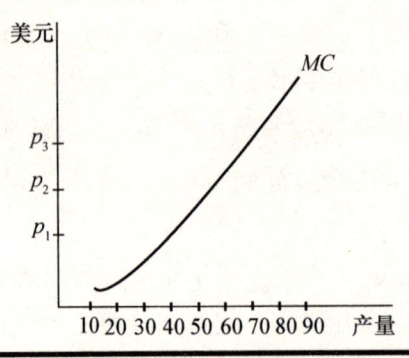

利　润

经济学家把利润区分为两类:**会计利润**(accounting profit)和**经济利润**(economic profit)。会计利润是指企业在税收报表和年报中披露的利润数值,表示收益和运营成本之间的差额。

假如地方小面包店在一年中的会计利润为 5 万美元,那么,这是好还是坏呢?不经过数字比较,你就很难给出回答。要是小店老板为了开面包店而放弃了给别人打工所能挣得的 8 万美元机会成本的收入,那么开店所得的 5 万美元就不值得。因为小店老板可以停开面包店,转而去给别人打工,这样他还能多赚取 3 万美元的收入。

但是,如果店主给别人打工至多只能赚到 4 万美元,那么 5 万美元的会计利润要好得多。在这种情况下,店主自己开面包店显然比给别人打工要好得多。

经济学家通过计算经济利润使这种比较正式化。经济利润等于会计利润减去企业主经营企业的机会成本。假如企业主拿出部分储蓄来购买资本,那么他所损失的这些储蓄的利息收入便构成了机会成本的一部分。经济学家称之为**正常资本收益率**(normal rate of return on capital)。

如果企业主放弃了给别人打工所能赚得的机会成本收入,那么没有赚到的薪资即构成了机会成本的一部分。

经济利润为零意味着企业主经营该企业和做其他事情一样成功。经济利润大于零则更好,因为这意味着企业主经营该企业比做其他事情更为成功。如果经济利润小于零(产生亏损),那么情况恰好相反,因为这表明企业主经营该企业还不如去做其他事情成功。

□ 如何计算利润

企业的总利润等于总收入减去总成本。总收入等于价格乘以销售量。总成本等于平均成本乘以销售量。因此，

总利润＝（价格－平均总成本）×销售量

总利润是一个以利润最大化的产量为底、以价格和平均总成本之间的差额为高的矩形的面积。

如果价格如图 6—5a 所示高于平均总成本，那么利润为正。经济学家说：企业获得了**超额利润**（abnormal profit）。

如果价格如图 6—5b 所示低于平均总成本，那么利润为负。经济学家说：企业承担了**经济损失**（economic loss）。

如果价格如图 6—5c 所示恰好等于平均总成本，那么利润为零。经济学家说：企业获得了**正常利润**（normal profit）。

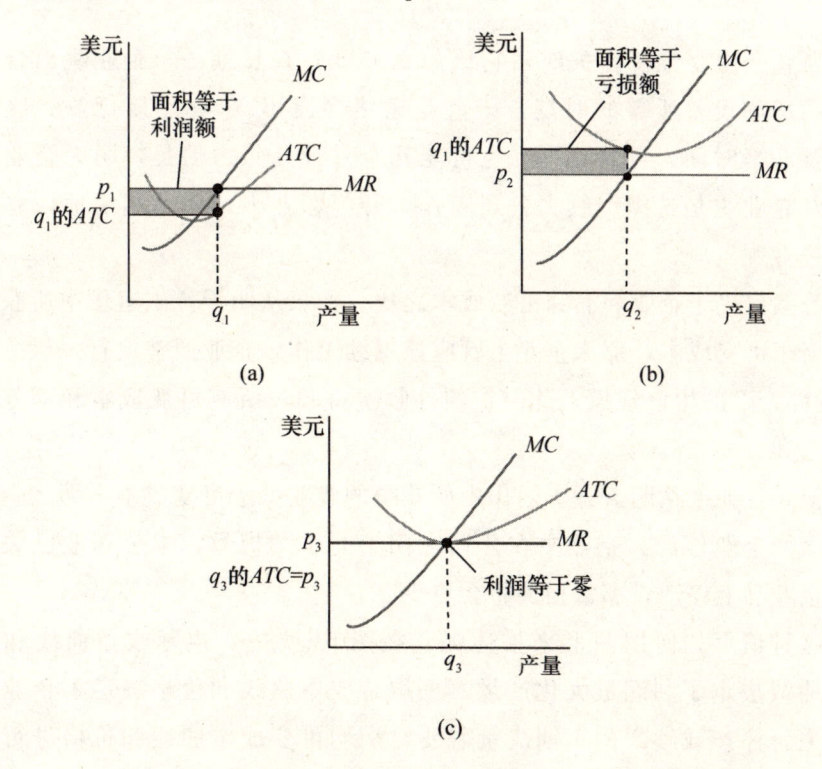

图 6—5 如何计算利润

图 6—5a 中，价格要高于利润最大化产量所对应的平均总成本，因此企业能获得超额利润。图 6—5b 中，价格要低于利润最大化产量所对应的平均总成本，因此企业将遭受亏损。图 6—5c 中，价格恰好等于利润最大化产量所对应的平均总成本，因此企业的利润为零，即获得正常利润。

当利润（记住：我们这里所说的利润是指经济利润）为零时，企业为什么还要继续生产？因为成本中包含了机会成本，即企业主从其他次优选择中所能挣得的收入。当经济利润为零时，会计利润等于企业主在其他地方所能挣得的收入。此时，企业主在经营该企业和从事其他事情上同样成功。如果企业主每年能从其他工作上获得 6 万美元的收入，那么经济利润为零意味着每年的会计利润也为 6 万美元。

习题

12. 画图表示下列每句陈述：
    - 一个利润最大化且获得超额利润的完全竞争企业。
    - 一个利润最大化且遭受经济损失的完全竞争企业。

停产还是续产？

当企业遭受经济损失时，它该怎么办呢？在长期——企业跳出合约并转售厂房和设备所需的时期——企业显然会**退出**（exit）该行业。这个过程需要花费时间，可能几周，也可能几个月或几年。但是，明天企业该怎么办？企业主是选择继续去公司工作，开门营业呢，还是相反地，立即关闭该企业呢？

答案取决于企业利润和可变成本之比。如果从明天开工运作中所获得的收益高于可变成本，那么企业主就应该继续工作，企业照常运行。保持一个"临近停产"的生产规模。此时，额外收益将超过所有可变成本和部分固定成本之和。

但是，如果从明天开工运作中所获得的收益低于可变成本，那么企业主就应该使企业停产。企业主在公司大门上写上"抱歉，本公司业已关门"。如果企业马上停产，那么损失将会更少。

这种情形如何用图形来描述呢？在图 6—6 中，边际收益曲线和边际成本曲线决定了利润最大化产量。平均总成本曲线和价格决定了企业的经济损失。停产或续产的短期决策需要对平均可变成本曲线和价格进行比较才能确定。如果价格低于平均可变成本，那么为了使损失最小化，企业应该选择立即停产。经济学家把平均可变成本曲线上取值最小的一点叫做**停产点**（shut-down point）。

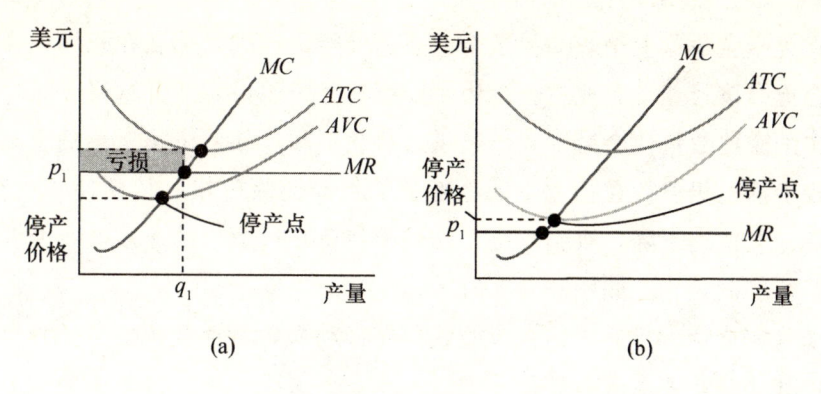

图 6—6 停产点

在长期内，遭受亏损的企业会退出整个行业。在短期内，企业是选择续产还是停产取决于价格和平均可变成本之比。图 6—6a 中，企业在短期内会选择继续生产，因为单位产出的价格高于产量为 q_1 时的平均可变成本。企业短期继续生产会降低损失。图 6—6b 中，企业会选择立即停产，因为单位产出的价格低于最低平均可变成本。如果企业停止生产，只是支付固定成本，那么会使损失减少。

习题

13. 假设一个利润最大化的企业每天生产和销售 100 单位产出。每单位产出的市场售价为 6 美元，对应于 100 单位的日产量，企业的平均总成本为 6.5 美元，平均可变成本为 4.8 美元。那么，企业是盈利还是亏损？盈利额或亏损额为多少？在长期内，企业是应该继续待在该行业还是退出该产业？在短期内，该企业是应该停产还是续产？

14. 假设一个利润最大化的企业每天生产和销售 40 单位产出。每单位产出的市场售价为 75 美元，对应于 40 单位的日产量，企业的平均总成本为 90 美元，平均可变成本为 82 美元。那么，企业是盈利还是亏损？盈利额或亏损额为多少？在长期内，企业是应该继续待在该行业还是退出该产业？在短期内，该企业是应该停产还是续产？

在长期内，经济利润等于零

完全竞争企业的一个重要特征是不存在进入或退出某个行业的壁垒。完全竞争行业中企业的自由进入和退出意味着在长期内，该行业中的企业在通常情况下的经济利润为零。经济利润为零意味着企业的会计利润为正。零经济利润表明，企业主在经营当前企业和从事其他工作中能够取得同样的成功。

在完全竞争行业中，如果某个企业遭受经济损失，那么在长期内该企业必定会退出该行业：企业主会出售企业设备并关闭该企业。这样一来，整个行业中的企业数量便会减少，市场供给将会下降。随着市场供给的下降，价格出现上涨。仍然待在行业中的企业就能提高商品价格，从而使损失减少。企业数量会持续下降，直到价格上涨到能使待在行业中的大多数企业获得一个零经济利润为止。如图6—7a所示。

如果完全竞争行业中的企业能获得超额利润，其他企业便会争相进入该行业：其他企业主也会在该行业中开办企业。这样一来，行业中的企业数量便会增加，市场供给也会增加。随着市场供给的增加，价格出现下跌。由于竞争加剧，企业会降低它们的商品价格，从而使利润减少。企业数量会持续增加，直到价格下跌到使待在行业中的大多数企业能获得一个零经济利润为止。如图6—7b所示。

(a)

(b)

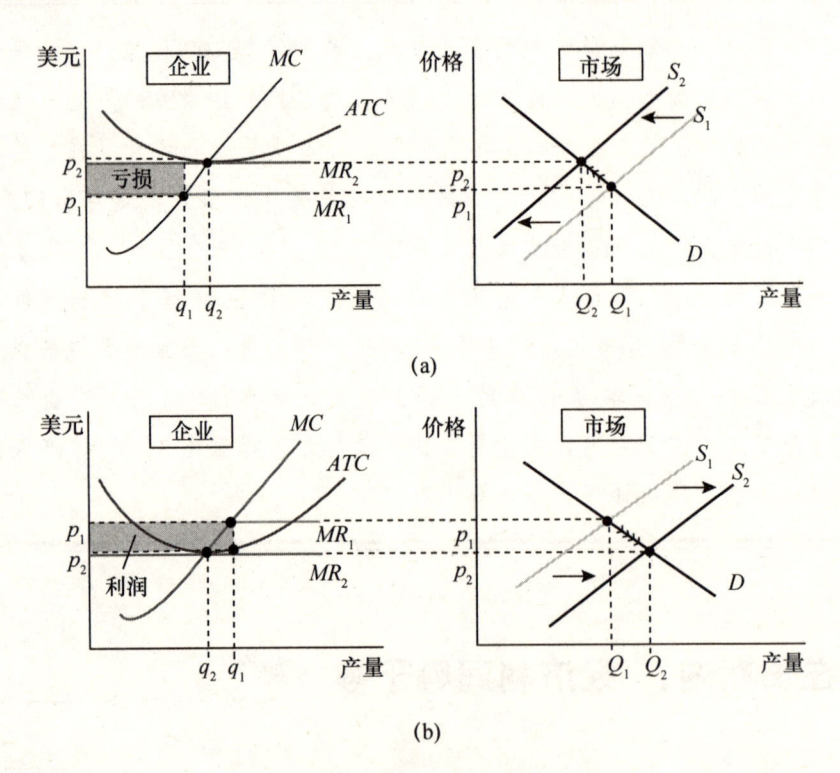

图6—7 在长期内，经济利润等于零

在完全竞争行业中，若企业如图6—7a所示遭受亏损时，它将退出该行业。由此带来的市场供给的减少会使市场价格从 p_1 涨至 p_2。行业中遭受亏损的企业数量会减少，一些企业会选择退出该行业，直到价格涨至 p_2 为止，此时剩下企业的利润恰好为零。

当企业如图6—7b所示获得超额利润时，新的企业便会进入该行业。由此带来的市场供给的增加会使价格下跌，并使现有企业的利润下降。供给会继续增加，价格也会继续下跌，直到价格跌至 p_2 为止，此时企业的利润恰好为零。

一个完全竞争企业在价格等于边际成本时将生产利润最大化的产量。在长期内，当完全竞争企业生产利润最大化的产量时，价格也等于平均总成本曲线上的取值最低点。在长期内，该企业的经济利润为零。

习题

15. 在长期内，完全竞争企业能否持续获得超额利润？原因何在？

第7章 不完全竞争

通过使产量满足边际收益等于边际成本，企业能使利润最大化。这是一般性的利润最大化法则。然而，该法则是否成立还取决于企业所处的行业类型。当企业处于完全竞争行业时，利润最大化所对应的价格将等于边际成本。但是，不完全竞争行业的情形如何？在本章中，我们将讨论处于垄断、垄断竞争和寡头这三种不完全竞争行业的企业的利润最大化行为。

重要术语和概念

进入壁垒	垄断竞争
政府机构	寡头
专利	卡特尔
自然垄断	合谋
价格接受者	反托拉斯法
价格制定者	古诺模型
边际收益	双寡头
产量效应	价格领导模型
价格效应	掠夺性定价

扭曲的需求曲线模型　　　　　　囚徒困境
博弈论　　　　　　　　　　　　支付矩阵
策略行为　　　　　　　　　　　占优策略
支付　　　　　　　　　　　　　纳什均衡

重要公式

利润最大化法则公式

重要图形

垄断企业的利润最大化图
垄断竞争行业的长期均衡图
扭曲的需求曲线图

垄　断

垄断是指整个行业中只有一家企业。**进入壁垒**（barriers to entry）阻碍了其他企业进入该行业。进入壁垒主要源于以下4个方面：

- 地方政府可能只准许一家企业在当地小镇上开展经营。有线电视公司是其中一个典型的例子。经济学家说：**政府机构**（government franchises）可能只会给某一家企业提供垄断。

- 可能只有一家企业获得了生产过程中所必需的发明知识。为了保护知识产权，政府颁发**专利**（patent），以便给一项发明和一种新生产方法授予法律专用权。

- 由于高昂的固定成本，只有大规模生产才有可能获得盈利能力。经济学家称之为**自然垄断**（natural monopoly）。

- 可能只有一家企业具备生产所需的某种稀缺资源，从而导致了垄断。

当某家企业属于垄断企业时，它便面临着整个市场需求。这种情形和完全竞争形成了鲜明的对比。当某家企业处于完全竞争行业时，它的需求只占整个市场需求微不足道的一部分，因此不管它是小规模生产还是集中生产力大规模生产，对市场价格都没有任何影响。换而言之，当某家企业退出完全竞争行业时，市场供给量的减少是微不足道的，初始供给曲线和新供给曲线之间几乎没有任何差异。因为完全竞争行业中的企业把价格当做是"既定的",所以它们被叫做**价格接受者**(price taker)。

相反地,一家垄断企业通常被叫做**价格制定者**(price maker)。它是唯一一家向市场提供产品的企业,其行为决定了市场的价格水平。如果企业想吸引更多的顾客,那么它必须采取降价措施;如果企业采取了涨价措施,那么它便会失去一些顾客。价格怎么定,由垄断企业说了算。

边际收益(marginal revenue)是指从销售额外一单位产品中所获得的收益差额。对完全竞争企业而言,边际收益恰好等于产品价格。因为完全竞争企业不能改变市场价格,所以它若想销售额外一单位产品,则必须使产品价格等于市场价格,从而边际收益也等于市场价格。

对垄断企业而言,边际收益却并非一定要等于市场价格。当垄断企业想销售更多产品时,两种相反的力量便会开始发挥作用。通过销售更多的产品,企业的收益便会增加——这种**产量效应**(quantity effect)会使收益增加。但是,由于需求曲线是向下倾斜的,所以要售出更多的产品就必须降价,这样一来,**价格效应**(price effect)便会使收益减少。有时,产量效应占据主导地位:产品销售量的增加在总体上增加了企业收益,从而使边际收益为正。有时,价格效应占据主导地位:产品销售量的增加在总体上减少了企业收益,从而使边际收益为负。

提示 ☞

在这里,弹性也会发挥作用。当降价能增加总收益时,边际收益为正,需求具有价格弹性。当降价会减少总收益时,边际收益为负,需求不具有价格弹性。

通常情况下,在产出水平相对较低时,产量效应占主导地位;在产出水平相对较高时,价格效应占主导地位。垄断企业的需求和边际收益如图7—1所示。当产量低于q^*时,边际收益为正;当产量高于q^*时,边际收益为负。在较低的产出水平上,边际收益为正,且需求具有价格弹性。在较高的产出水平上,边际收益为负,且需求不具有价格弹性。

提示 ☞

在描绘边际收益曲线图时,你应该把它画在纵轴和需求曲线的中间处。

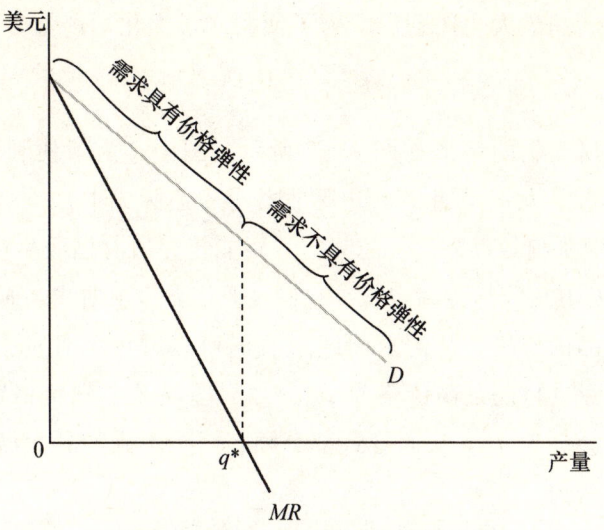

图7—1 垄断企业的需求与边际收益

垄断企业面临着整条向下倾斜的需求曲线，它的边际收益也是向下倾斜的。当产量低于 q^* 时，边际收益为正，且需求具有价格弹性；当产量高于 q^* 时，边际收益为负，且需求不具有价格弹性。

习题

（所有习题的答案，参见本书后面。）

1. 根据图中所给出的垄断企业的需求曲线，画出边际收益曲线。

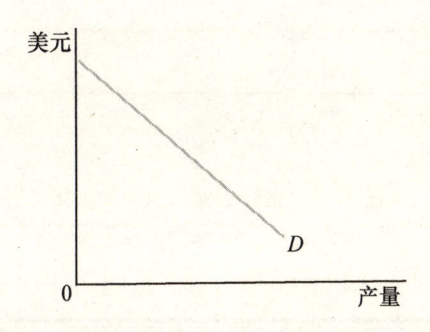

2. 当价格从30美元下跌到28美元时，对垄断企业的产品的市场需求从100单位增加到101单位。请问：产量效应有多大？价格效应有多大？当需求量从100增加到101时，边际收益为多少？

边际成本不受企业类型的影响。垄断企业和完全竞争企业一样，由于边际收益递减，面临着一条向上倾斜的边际成本曲线。平均成本也不受企业类型的影响。垄断企业的平均总成本曲线一开始时先下降，当和边际成本曲线相交以后，便开始逐渐上升。

任何类型的企业都只有在边际收益等于边际成本时才能使利润最大化。这是一般性的利润最大化法则。即为了使利润最大化，产量必须满足：

$$MR=MC$$

垄断企业所面临的情形如图 7—2 所示。图中，为了使利润最大化，垄断企业的产出水平为 q_M，此时，边际收益等于边际成本。

垄断企业是如何给产品定价的呢？只要能售完所有已经生产出来的产品，垄断企业就会尽其所能地提高定价。它们主要依靠需求曲线，而不是边际收益曲线来确定产品的价格。从需求曲线上我们可以看出，对应于 q_M 单位的产量，购买者愿意支付的最高价格为 p_M。如果垄断企业把价格定在 p_M 以下，那么需求量将会高于 q_M，从而导致部分顾客因买不到产品而倍感沮丧。

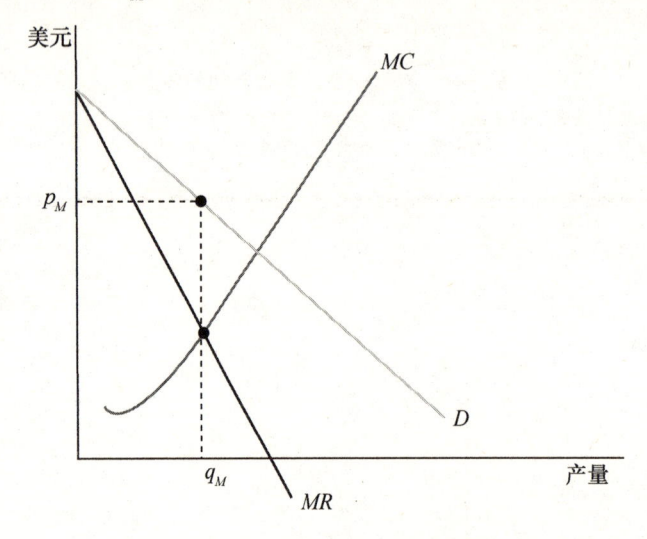

图 7—2 垄断企业的利润最大化

一家利润最大化的垄断企业的产量为 q_M，此时边际收益等于边际成本。它的产品将定在最高价 p_M 上，销售量仍然是 q_M。

提示

由于边际成本总是为正的，所以边际收益也总是为正的（边际收益等于边际成本）。因此，垄断企业总是会在需求曲线上具有价格弹性的范围内进行生产。

习题

3. 垄断企业面临着如下图所示的需求曲线和边际成本曲线，请在图中标出垄断企业利润最大化的产量和价格。

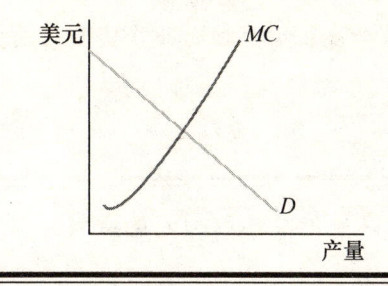

垄断企业能获得多少利润呢？我们知道，利润是指总收益和总成本之间的差额。即

利润＝总收益－总成本

总收益等于价格乘以销售量。其中，价格由需求曲线确定，销售量即企业的利润最大化产量。总成本等于平均总成本乘以销售量。因此，为了确定垄断企业能获得多少利润，我们还需要一些额外的信息，即关于平均总成本的信息。对利润的计算如图 7—3 所示。

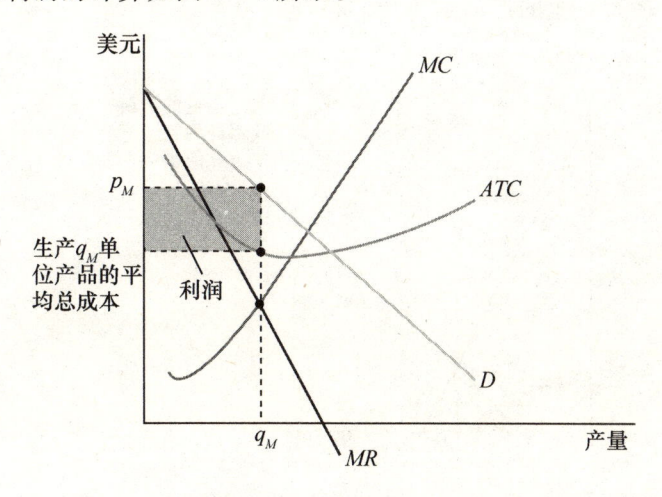

图 7—3 利润是多少？

利润等于图中以销售量 q_M 为底、以产品价格 p_M 和生产 q_M 单位产品的平均总成本之差为高的矩形的面积。

通常情况下，垄断企业都能获得超额利润。它们的产品价格通常会高于平均总成本。那么，为什么其他企业不选择进入该行业，以便和垄断企业展开利润争夺呢？这是因为进入壁垒阻碍了竞争企业的进入行为。因此，垄断企业一般不会面临长期内由竞争所导致的利润缩减。

习题

4. 当垄断企业的日产销量为 500 单位时，它的边际成本和边际收益都等于 47 美元。单位产出的售价为 65 美元，平均总成本为 60 美元。画一张图表示该垄断企业的利润最大化情形，并注明相应的标记。

5. 在上述问题中，垄断企业所获得的利润为多少？
6. 在长期内，垄断企业能否维持其所获得的超额利润？原因何在？

垄断企业能否无限提高产品价格呢？显然不能，因为它们也要受到需求曲线的约束。如果垄断企业的产品定价太高，需求量也会出现下降。

垄断企业的产品定价是否和完全竞争企业一样呢？显然也不是。缺少竞争者使垄断企业能保持更高的产品价格。完全竞争企业的产品价格等于其边际成本，垄断企业的产品价格则高于其边际成本。

那么，产量又如何呢？一般而言，垄断企业的产量低于企业在完全竞争市场上的产量。我们用图7—4来描述这点。不妨设想一家垄断企业可以被分割成若干家完全竞争企业。那么市场供给曲线，即所有单个企业供给曲线的汇总，等同于垄断企业的边际成本曲线。因此，相对于完全竞争市场上的企业而言，垄断企业的产品定价更高，产量更低。

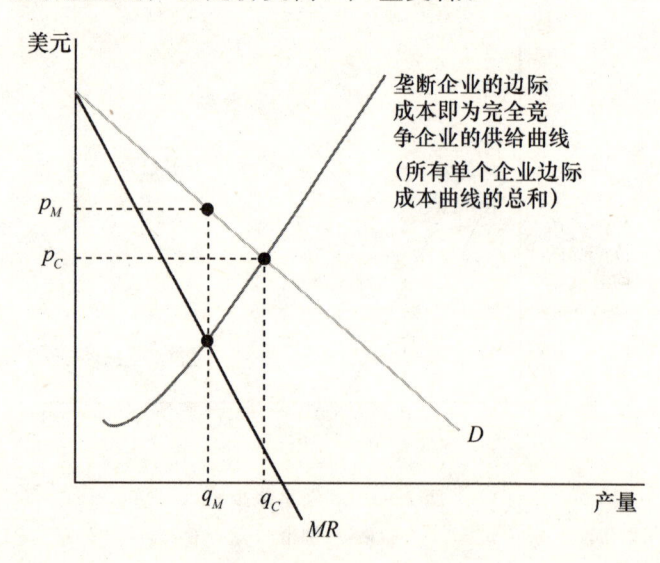

图7—4 垄断和完全竞争的对比

垄断企业的产品定价为 p_M，利润最大化产量为 q_M。反之，如果是完全竞争行业，那么产品定价 p_C 将低于垄断企业的定价，产量 q_C 则高于垄断企业的产量。

垄断竞争

垄断是指整个行业中只存在一家企业，该企业面临整条向下倾斜的需求曲线。市场上不存在垄断企业所生产的产品的近似替代品。完全竞争是指某个行业中存在许多企业，且没有任何能阻止其他企业进入该行业的进入壁垒。每家企业所生产的产品都很难同其他企业区分开来。因此，不同企业所生产的产品之间具有完全替代性。**垄断竞争**（monopolistic competition）则是指垄断和完全竞争的一种中间情形。

像完全竞争一样，垄断竞争也具有包含许多企业且不存在进入壁垒的特征。但是，和完全竞争相反，垄断竞争行业中的每家企业所生产的产品是有差异性的。相互之间具有竞争性的企业所生产的产品虽然相似，但并非完全可以替代。因此，每家企业都面临一条向下倾斜的需求曲线。但是，由于市场上存在近似替代品，对任何一家企业的需求都具有一定程度的价格弹性。

在日常生活中，我们每个人都要和垄断竞争型企业打交道。例如，大学城里有许多咖啡厅，每家咖啡厅所提供的咖啡和服务与它们的竞争者之间的区别并不是很大。理发店和酒店也是垄断竞争型企业。绝大多数城镇里的绝大多数小企业都属于这一类型。

这里，一般性的利润最大化法则仍然成立。即为了使利润最大化，产量必须满足：

$$MR=MC$$

垄断竞争行业中的企业的产量为 q_{MC}，此时边际收益等于边际成本。企业将根据各自的需求曲线来制定尽可能高的产品价格。企业所获得的利润等于一个以产量为底、以价格和平均总成本间的差额为高的矩形的面积。如图 7—5 所示。

习题

7. 完全竞争和垄断竞争之间有何区别？垄断和垄断竞争之间又有何区别？

8. 对一家处于垄断竞争行业的企业而言，其利润最大化法则是指什么？

9. 已知一家垄断竞争企业所面临的需求、边际成本和平均总成本如下图所示，在图中标出企业的利润最大化产量、与利润最大化产量相对应的价格及总利润。

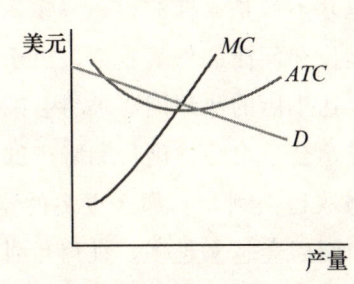

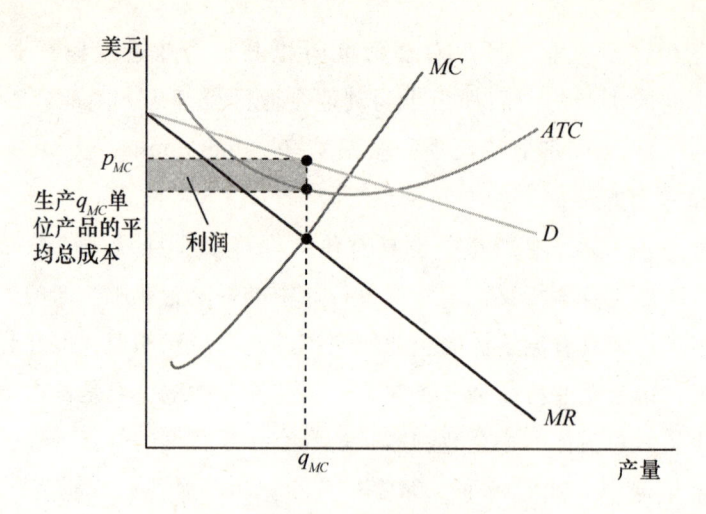

图中标注：美元；MC；ATC；p_{MC}；生产q_{MC}单位产品的平均总成本；利润；D；MR；q_{MC}；产量

图 7—5 垄断竞争

一家处于垄断竞争行业的企业面临着一条具有相对价格弹性的需求曲线。企业的利润最大化产量为 q_{MC}，此时边际收益等于边际成本，产品定价为 p_{MC}。企业的利润等于以销售量 q_{MC} 为底、以产品价格 p_{MC} 和生产 q_{MC} 单位产品的平均总成本之差为高的矩形的面积。

行文至此，读者可能会发现垄断和垄断竞争似乎没有区别。唯一的区别在于一家处于垄断竞争行业的企业所面临的需求在合理的产出范围内通常较具有弹性。

垄断和垄断竞争之间的最大区别在于是否存在进入壁垒。因为在垄断竞争中不存在进入壁垒，所以一旦其他企业能够获得超额利润，它们便会进入该行业。在长期内，竞争会使利润减少。

不妨举个例子。旺达开的甜甜圈店是小镇里许多甜甜圈店中的一个。旺达在她的小店里配备了干净的休息室，放些报纸供顾客免费阅读，这使她的小店有别于其他小店。旺达把小店经营得红红火火，获得了比她从事其他工作所能挣得的更高的收入。因此，她的经济利润大于零，即她获得了超额利润。

渐渐地，开甜甜圈店可以赚钱的消息在小镇里传开了。于是，沃伦也在邻近旺达甜甜圈店的街角处开了一家新的甜甜圈店。尽管旺达的许多顾客可能具有较高的忠诚度，但并不都是这样的。一些顾客可能会更偏好于沃伦甜甜圈店里所提供的舒适座位和便捷的外卖服务。由于这些顾客会选择去购买沃伦的甜甜圈，市场对旺达小店的甜甜圈需求将会减少。

面临需求的减少，旺达会采取略微削价和减产的措施。只要旺达、沃伦和其他甜甜圈店仍然能赚取超额利润，那么更多的竞争者势必会加入进来。从理论上说，新开的甜甜圈店会越来越多，直到开甜甜圈店的收入不再高于其他经营活动。经济学家说：其他企业会不断进入某一行业，直到该行业的超额利润降至零为止。

在长期内,垄断竞争行业中的每家企业所赚取的利润都为零。长期均衡如图 7—6 所示。在长期内,一家垄断竞争型企业的产品价格将高于边际成本,且等于平均总成本。

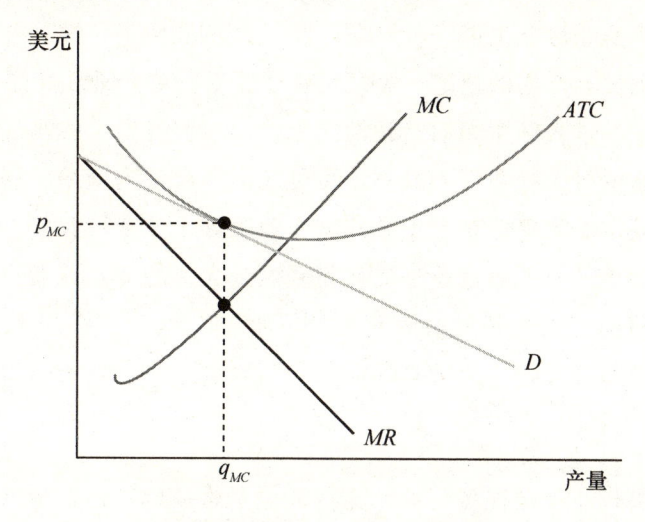

图 7—6 垄断竞争行业的长期均衡

在长期内,垄断竞争行业中的企业所获得的经济利润为零。竞争使市场对该企业所生产的产品的需求下降,并使需求曲线向左移动,直到产品价格 p_{MC} 等于利润最大化产量 q_{MC} 所对应的平均总成本为止。

习题

10. 在长期内,一家典型的垄断竞争企业将获得多少利润?原因何在?

11. 如果最大经济利润恰好为零,那么为什么不是所有人都选择去创办企业?

12. 旺达一开始时能赚到超额经济利润。在图 7—5 中,为了获得如图 7—6 所描绘的零经济利润,你应该怎样移动曲线?

寡 头

寡头(oligopoly)是第三种也是最后一种属于不完全竞争的行业类型。任何不属于垄断、完全竞争和垄断竞争类型的行业都叫做寡头。关于寡头行业,我们很难给出一些确定性的描述,因为该行业类型存在许多变数。

在一个寡头行业中,有多少家企业呢?有时只有几家,有时又有很多家,对此并无严格的规定。关于寡头行业,几乎可以确定的一点是该行业中的少数几家企业居于主导地位，并提供绝大多数总产量。一个只有4家企业的行业可能属于寡头行业，一个有1 000家企业且其中4家企业控制了80%市场份额的行业也属于寡头行业。关键在于少数几家企业主导了整个行业。

关于寡头行业的产出情况，我们能给出一些确定性的描述吗？也不能。寡头行业中的企业可能生产一种同质产品，也可能生产各种具有显著差异性的产品。这也没有严格的规定。关键仍在于少数几家企业主导了整个行业。

寡头行业的进入壁垒如何？我们能否给出一些确定性的描述呢？同样不能。寡头行业中可能存在进入壁垒，也可能不存在进入壁垒。同样地，这也没有严格的规定。关键还在于少数几家企业主导了整个行业。

那么，寡头行业中的企业是如何使利润最大化的呢？这点我们倒能给出一些确定性的描述了。利润最大化法则具有通用性，它并不取决于行业类型。为了使利润最大化，产量必须满足：

$$MR=MC$$

由于寡头行业存在许多变数，其特征也很难准确描述，所以存在许多试图解释寡头行业中企业行为的不同模型。每种模型都给出了一个和各家企业间如何相互联系有关的不同假设，下面是一些典型的例子。

习题

13. 关于寡头行业，我们能给出哪些确定性的描述？

□ 合谋模型

当某个行业中只有少数几家企业时，这些企业可能会坐在一起，采取集体决策来确定生产多少及如何定价。经济学家说：这些企业之间形成了一个**卡特尔**（cartel）。石油输出国组织（OPEC）是最著名的卡特尔之一。在美国，类似于此的**合谋**（collusion）是非法行为，因为它们违反了联邦的**反托拉斯法**（antitrust laws）。

当企业形成卡特尔时，它们就会像垄断者那样采取行动。利润最大化产量仍需满足边际收益等于边际成本。合谋企业的产品定价将会高于边际成本。

□ 古诺模型

当行业中只有两家利润最大化的企业，且每家企业都基于对另一家企业生产决策的考虑而做出自己的生产决策时，我们便可以用**古诺模型**（Cournot model）来描述这两家企业的产出情况。经济学家把只包含两家企业的行业称为**双寡头**（duopoly）。

古诺模型本质上是一个只包含两家企业的垄断竞争模型。两家企业之间的竞争会使各自的需求曲线不断左移。最终，企业会达到一个均衡状态，此时两家企业会对市场进行分割，并对产品索取同样的价格。由于只有两家企业，很可能会存在超额利润。

绝大多数经济学家认为古诺模型过于简单。它只是假设每家企业会对另一家企业的行为做出回应，而不是形成预期。然而，尽管模型比较简单，其结论却具有深远意义。如果某个沙滩度假区只有两家冰激凌小店，那么它们很可能会趋于销售同样数量的冰激凌甜筒，并索要一个相同的标价。

□ 价格领导模型

当存在一家主导企业（如沃尔玛）和多家小企业（如地方小超市）时，产品价格很可能由主导企业来制定。小企业必须接受主导企业所制定的价格，否则它们将失去大量顾客。经济学家称之为**价格领导模型**（price-leadership model）。

此时，主导企业会像一家垄断企业那样采取行动。它制定能使利润最大化的产量（边际收益等于边际成本），并根据自身的需求曲线给产品定价。反之，小企业会像完全竞争企业那样采取行动，它们只能接受由主导企业所设定的价格。

如果主导企业的定价太低，以致大量小企业不得不面临亏损，那么在长期内，这些小企业是否会选择退出该行业呢？最终，主导企业将会吞并整个市场需求，并使自身的利润得到增加。高长期利润给主导企业设定非常低的产品价格，并愿意遭受短期损失以等待竞争者退出该行业提供了激励。经济学家称之为**掠夺性定价**（predatory pricing）。这在美国也是非法的。尽管当成本较低时，主导企业可以把产品价格定得很低，但它不能把使价格低于成本的非法之举当做消除竞争对手的一种战略。

□ 扭曲的需求曲线模型

当某个行业中有少数几家企业，且每家企业都假设其他企业愿意采取降价措施而不愿意采取涨价措施时，我们便可以用**扭曲的需求曲线模型**（kinked demand curve model）来描述这些企业行为。此时，即使企业的生产成本出现了变化，利润最大化的产量和价格也不会发生变化。

不妨举个例子。奥菲斯威是三家销售电脑打印机的公司之一。这三家公司当前的打印机标价都为 119.99 美元。奥菲斯威假设，一旦它采取削价措施，其他两家公司也会跟着削价。因此，削价无助于使奥菲斯威获得更多的市场份额。通过削价，尽管公司能售出更多的打印机——毕竟，需求曲线是向下倾斜的——但这并未解决它和其他公司之间的竞争问题。

如果奥菲斯威将价格涨到 119.99 美元以上，情况会怎样呢？奥菲斯威假设，其他两家公司会保持价格不变。除了一些最忠诚的顾客以外，奥菲斯威的绝大多数顾客将会转而购买其他两家公司的打印机。因此，在当前的价格水平上，市场对奥菲斯威打印机的需求弹性是非常大的。

在当前价格和产量上被"扭曲"的需求曲线意味着边际收益曲线和当前产量之间存在较大的缺口。如图 7—7 所示。为什么缺口出现在当前产量而非当前价格之间呢？这是因为边际收益指的是从额外销售一单位产品中所获得的收益。因此，每条边际收益曲线都符合该产量所对应的需求曲线。

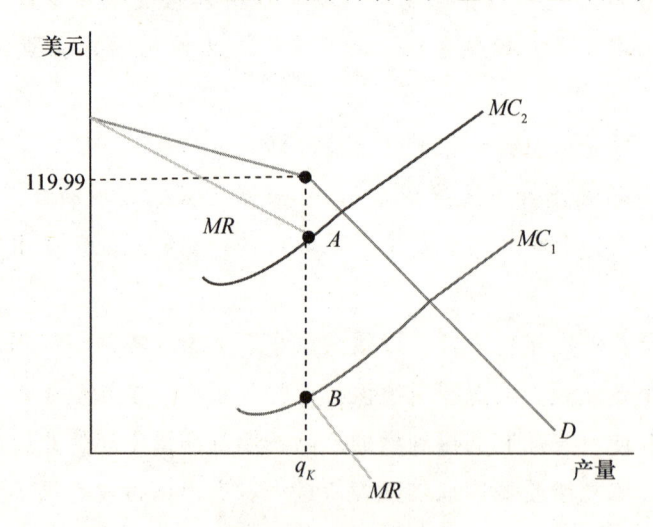

图 7—7　扭曲的需求曲线

当奥菲斯威设想其他企业只跟跌而不跟涨时，它在当前 119.99 美元的定价上将面临一条扭曲的需求曲线。扭曲使当前产量 q_K 上的边际收益曲线出现一个缺口。因此，产量 q_K 的边际成本可能高至 A，也可能低至 B，而利润最大化产量仍为 q_K，产品定价也仍然是 119.99 美元。

只要边际成本落在边际收益缺口之内，企业利润最大化的产量和价格都将保持不变。在图 7—7 中，不管边际成本是处在 MC_1 的低位，还是处在 MC_2 的高位，抑或处在两者之间的某个位置，企业通过生产 q_K 单位的产品，并将每单位产品标价 119.99 美元，都能使利润最大化。

□ 博弈论

当行业中只有几家企业，且每家企业的行为不仅取决于它的竞争者所采取的行为，而且取决于竞争者可能采取的行为时，我们便可以用**博弈论**（game theory）来描述这种行为。经济学家说：博弈论通过建立模型来研究**策略行为**（strategic behavior）。

一个典型的"博弈"包括两个参与者和两种策略。对每个参与者而言，每种策略所获得的**支付**（payoff）取决于另一个参与者的行为。一个典型的例子是**囚徒困境**（prisoners' dilemma）问题。它在地方电视频道的法制节目中经常被提到。故事内容如下：哈利和约翰尼由于存在作案嫌疑而被逮捕，但如果两人都拒不供认，那么每人只会被判刑 1 年。地方检察官想设法让他们两人互相指控对方，为此精心设定了各种判刑措施。

助理检察官把哈利和约翰尼带到两个候审室，对他们分别进行审讯。如果哈利承诺能证明约翰尼有罪，而约翰尼却拒不供认，那么哈利将被减刑释放。但是，如果哈利拒不供认约翰尼有罪，而约翰尼却承诺能证明哈利有罪，那么哈利将被判刑更长的时间，而约翰尼将不被判刑。

这样一来，哈利和约翰尼该怎么办呢？如果两人能够串通好，他们很可能同意都拒不供认。但是，哈利要决定是否应该相信助理检察官的"诱供之辞"："哈利，你的同伙约翰尼在另一个候审室已经供认了，要是你拒不供认，你将会被判刑 7 年。你看约翰尼，他供认后只需被判刑 3 年……具体该怎么做，你自己得想清楚了。"

此时，哈利面临着如何做出选择的策略问题。他的备选行为如图 7—8 所示，经济学家称之为**支付矩阵**（payoff matrix）。不难发现，要是约翰尼拒不供认，那么哈利的最优策略就是举证约翰尼有罪，因为这样做他会被减刑释放，而不会被判刑 1 年。要是约翰尼承诺举证哈利有罪，那么哈利的最优策略也是举证约翰尼有罪。这样一来，他只需被判刑 3 年，而不会被判刑 7 年。因此，不管约翰尼是否松口认罪，哈利的最优策略都是选择供认。经济学家说：哈利具有**一种占优策略**（dominant strategy）。

当每个参与者都采取一种最有利于自己的策略，而不管其他参与者会采取何种行为时，经济学家称这样的结果是一个**纳什均衡**（Nash equilibrium）。

确定一种需考虑到竞争者所有可能行为的策略并不像电视法制节目上讲的两个囚徒故事这么简单。政治科学家运用博弈论分析核威慑问题,经济学家运用博弈论分析寡头行为。当前,博弈论已成了渗入许多社会科学领域的一种强大的分析工具。

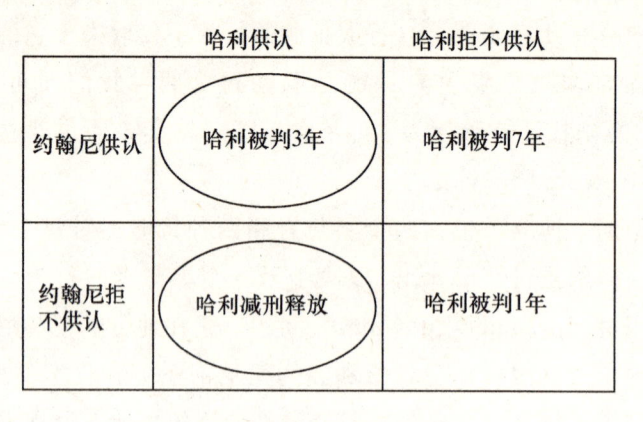

	哈利供认	哈利拒不供认
约翰尼供认	哈利被判3年	哈利被判7年
约翰尼拒不供认	哈利减刑释放	哈利被判1年

图 7—8 哈利的支付矩阵

哈利的支付矩阵表示他采取供认或否认这两种策略各自所对应的判刑期限。在哈利选择策略之前,它并不知道约翰尼会选择哪种策略。如果约翰尼选择供认(图中上行),那么哈利的最优策略也是选择供认,因为这样做他的判刑期限只需3年而非7年。如果约翰尼选择否认(图中下行),那么哈利的最优策略还是选择供认,因为这样做他将被减刑释放,而不会被判刑1年。因此,不管约翰尼是否供认,哈利的占优策略都是选择供认。

习题

14. 在下列各种情形中,哪类垄断模型可以最好地描述其行为:合谋模型、古诺模型、扭曲的需求模型、价格领导模型和博弈论模型?

- 某偏远的小镇中有两家篱笆墙建筑公司。每家公司都已创办多年。尽管它们一开始收取不同的价格,但目前都收取同样的价格,且两家公司每年的工程量也差不多相同。

- 某城市中有6家独立经营的书店和1家大型连锁书店,独立经营的书店努力维持由连锁书店所制定的低价格。

- 有4家企业同时出售一种类似的产品,每家企业都认为只要它降价,其他企业便会跟着降价。但每家企业也都认为即使它涨价,其他企业也不会跟着涨价。

- 某企业正在制定一个关于什么时候应该更新现有产品模型的决策。在制定该决策时,企业考虑了其他竞争者可能会在什么时候采用它改进后的新产品。

- 所有独立经营的旅游T恤销售商都同意将它们的产品单价定在10美元上。

第8章 市场失灵：外部性和公共产品

在完全竞争下，利润最大化企业的产量需满足价格等于边际成本。当企业的产量不满足这点时，经济学家便称之为**市场失灵**（market failure）。在前一章中，我们讨论了作为市场失灵成因之一的不完全竞争。本章我们将考虑另外两种市场失灵的成因。第一种是外部性，指没有参与市场交易的个体承担了部分交易损失或获得了部分交易收益的情形。第二种是公共产品，指某人可以在不付费的情况下消费某种产品，且这种消费不会影响其他人的消费机会。在两种情形下，如果私人市场不受政府管制，企业的产量将达不到社会最优水平。

重要术语和概念

市场失灵	私人边际成本
负外部性	边际社会成本
正外部性	社会最优产量
外部成本	外部性内部化
边际损害成本	外部收益
边际私人成本	边际社会收益

社会边际收益　　　　　　　公共产品
科斯定理　　　　　　　　　消费的非竞争性
私人产品　　　　　　　　　非排他性
消费的竞争性　　　　　　　搭便车问题
具有排他性

重要公式

边际社会成本公式
边际社会收益公式

重要图形

负外部性图
正外部性图
公共产品图

外部性

当阿曼达驾驶她的运动型多功能小车（SUV）时，她只是支付了部分成本。尽管阿曼达支付了汽油费、道路通行费、停车费和其他各种车辆税，但她并没有为车辆二氧化碳排放、由车辆所导致的交通拥堵及可能诱发的哮喘病等付费。这便是经济学家所谓的**负外部性**（negative externality）的例子之一。当某项活动的部分成本由未直接参与该活动的个人承担时，实施这项活动的人们（如例子中的阿曼达）便产生了负外部性。污染和全球变暖是两个很普遍的例子。

当约西亚对他的房屋进行粉刷时，他只获得了部分收益。显然，经过粉刷以后，约西亚的房屋会变得更加崭新、美观，从而其价值也得到了提高。此外，约西亚焕然一新的房屋不仅使经过的路人们心情大好，而且也提高了附近房屋的价值。这便是经济学家所谓的**正外部性**（positive externality）的例子之一。当某项活动的部分收益由未直接参与该活动的个人获得时，实施这项活动的人们（如例子中的约西亚）便会产生正外部性。教育和驾驶混合动力型小车是两个很普遍的例子。

由于私人市场本身会导致错误的产量，所以负外部性和正外部性会造成市场失灵。阿曼达并没有考虑到其行为给他人所带来的成本，因此她的开车次数会超出社会期望的次数。通常情况下，当存在负外部性时，私人市场的产量会过高。

反之，约西亚也没有考虑到其行为给街坊邻居所带来的收益（好处）。他粉刷房屋和修裁花园的频次会低于邻居的期望。通常情况下，当存在正外部性时，私人市场的产量会过低。

针对这些问题，通常的解决方法是采取政府干预。当出现负外部性时，政府可以对相关活动征税。这会增加该活动的成本，减少人们的活动数量。

当存在正外部性时，政府可以采取一项补贴措施，以便降低该活动的成本，使私人市场的活动数量增加。

习题

（所有习题的答案，参见本书后面。）

1. 下列各种情形分别会产生正外部性、负外部性还是不产生外部性？
   A. 一辆驶经附近住宅区的大卡车，使劲按刹车气闸以试图减缓速度。
   B. 一名高中老师，为了提高所授学科的知识和改进教学方法，去参加了暑期培训。
   C. 一位香气四溢的女人。

图形分析：负外部性

设若我们可以用美元对阿曼达的驾驶行为给气候、交通拥堵和卫生所带来的影响进行标价。假设阿曼达每行驶 1 英里路程的气候、交通拥堵和卫生影响成本为 1 美元，经济学家把这种由负外部性造成的成本称做**外部成本**（external cost）或**边际损害成本**（marginal damage cost）。这两种说法可以交替使用。

阿曼达只会考虑她的私人成本，即经济学家所谓的**边际私人成本**（marginal private cost）或**私人边际成本**（private marginal cost）。一些教材用前一种表述，另一些教材则用后一种表述。

当阿曼达决定是否开车出行时，她只会对自己的边际私人成本和边际收益进行简单比较。因此，她的驾驶里程将满足边际收益等于边际成本。在图 8—1 中，我们用 q_p 表示阿曼达的私人最优产量。

但是，我们大家显然都希望阿曼达能考虑到由她的驾驶行为所带来的气候、交通拥堵和卫生影响。她每行驶1英里的确切成本并不仅仅是她自己的边际私人成本。确切成本（阿曼达的成本加上我们大家的成本）应该是她的边际私人成本和边际损害成本之和。经济学家称之为**边际社会成本**（marginal social cost）。

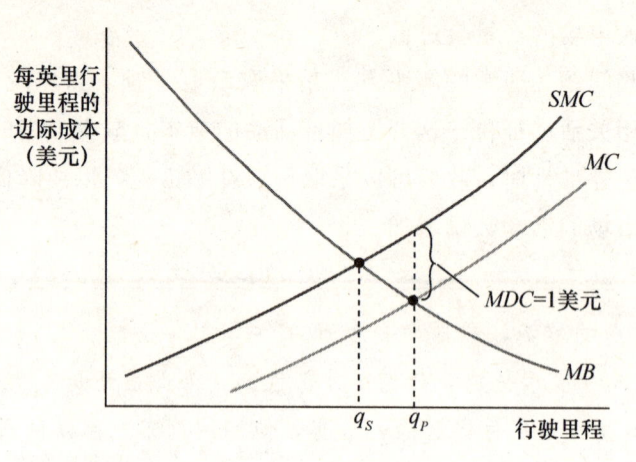

图8—1 负外部性

图中，私人最优产量为 q_P，此时私人边际收益（MB）等于私人边际成本（MC）。社会最优产量必须考虑到边际损害成本，这里我们假设每英里驾驶里程为1美元。社会最优产量为 q_S，此时边际收益等于社会边际成本（SMC）。

边际社会成本＝边际私人成本＋边际损害成本

社会最优产量（socially optimal quantity）必须满足边际收益等于边际社会成本。在图8—2中，社会最优产量用 q_S 表示。当存在负外部性时，社会最优产量通常会低于私人最优产量。

一个自利的人并不会只因为其所采取的行为会给数以千计的其他人带来负面影响而改变他的做法。如果没有政府干预，私人市场将持续过度地从事某项活动，尽管该活动会造成负外部性。

我们如何才能使阿曼达考虑到她的驾驶行为给气候、交通拥堵和卫生所带来的影响呢？如果政府对阿曼达的驾驶行为征税，那么她在做出驾驶决策时便会考虑到这种成本了。这样一来，阿曼达的驾驶里程便会符合社会最优产量 q_S。通常，为了能使存在负外部性的市场达到社会最优产量，政府会对边际损害成本实施征税或处以惩罚。此时，经济学家便称：阿曼达驾驶行为的外部性被内部化了。

在绝大多数情况下，税收只会减少而不会杜绝有害行为。但是，如果边际损害成本过大，以致不可能使阿曼达的私人边际收益等于或大于边际社会成本，那么一项精心设计的税收还不如直接采取禁止那些会导致负外部性的行为有效。

习题

2. 边际私人成本和边际社会成本之间有何区别?

3. 为什么当存在负外部性时,私人最优产量将大于社会最优产量?

4. 如果每发生一起边通话边开车事件的边际损害成本为10美元,那么最优处罚额度为多少?

图形分析:正外部性

用图形分析正外部性和负外部性相类似。不妨假设阿曼达正在考虑把她的多功能运动型小车换成混合动力型小车。设想我们仍可以用美元对驾驶混合动力型小车所带来的气候和卫生收益进行标价。当阿曼达每行驶1英里路程时,我们给有利方面的影响赋值2美元。这2美元是由阿曼达的驾驶行为给我们所带来的,经济学家称之为**外部收益**(external benefit)。

同理,阿曼达也只会考虑到她的私人收益和私人成本。因此,她事实上会低估驾驶混合动力型小车所带来的边际收益,因为她没有考虑到这种行为给我们带来的气候和卫生收益。如果阿曼达选择驾驶混合动力型小车的私人边际收益大于她的私人边际成本,那么她显然会这么做。阿曼达的私人最优产量如图8—2所示。

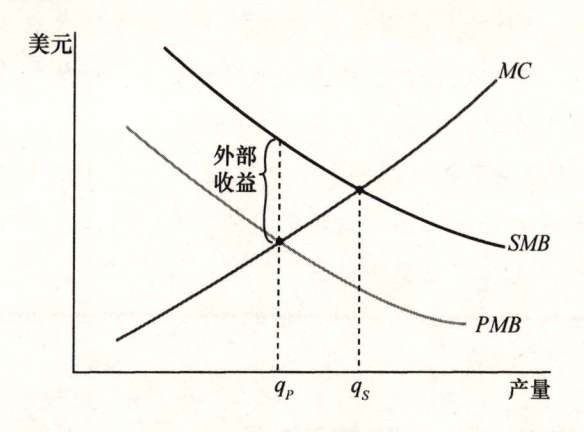

图 8—2 正外部性

图中,私人最优产量为 q_P,此时私人边际收益(PMB)等于边际成本(MC)。但是,当存在正外部性时,社会边际收益(SMB)将会大于私人边际收益。社会最优产量为 q_S,此时社会边际收益等于边际成本。

无疑，我们都希望阿曼达能考虑到她驾驶混合动力型小车所带来的有益的影响。我们希望阿曼达能同时考虑到其驾驶行为的私人边际收益和外部收益。我们把这两种收益合称为**边际社会收益**（marginal social benefit）或**社会边际收益**（social marginal benefit）。一些教材用前一种表述，另一些教材则用后一种表述。

边际社会收益＝私人边际收益＋外部收益

社会最优产量是指边际社会收益等于边际成本时的产量。在图8—2中，社会最优产量用 q_S 表示。当存在正外部性时，社会最优产量通常会高于私人最优产量。

一个自利的人并没有动机去考虑正外部性，但我们可以劝导、说服、证明或建议他这么去做。心底无私的人可能会考虑到外界环境，受其影响而改变他们的行为。但通常而言，只要私人收益低于社会收益，私人最优产量便会小于社会最优产量。

我们如何才能说服阿曼达把她的多功能运动型小车换成环境友好型小车呢？这里，政府同样发挥着一个重要的作用。如果政府能给阿曼达提供一个数额等于驾驶混合动力型小车所能带来的外部收益的补贴，那么她的私人最优产量将会等于社会最优产量。阿曼达会选择更频繁地驾驶混合动力型小车而非多功能运动型小车。此时，经济学家便称：阿曼达驾驶行为的外部性被内部化了。

习题

5. 假设一名老师参加她所授学科暑期培训的外部收益是每次3 000美元。如果全部培训费由老师自己承担，试问最优私人产量是否等于最优社会产量？补贴额应为多少？

6. 假设业主获得了一项联邦收入税收减免。他们的应纳税收入现在减少了，减少的数额为房屋抵押贷款需交付的利息。用正外部性概念解释为什么联邦政府应给房屋所有权提供补贴。

避免政府干预：科斯定理

在上述两个例子中，我们都依靠政府来强制征税或提供补贴，以使私人最优产量等于社会最优产量。税收会打击那些产生负外部性的行为，补贴会鼓励那些带来正外部性的行为。

在少数情形下，即使没有政府干预，我们也能实现社会最优行为。例如，假设约西亚粉刷房屋需要花费5000美元。为了节省这笔开支，他决定过几年等房屋外皮脱落后再粉刷。而街坊邻居们却厌恶了一打开自家窗门就看到约西亚房屋的破旧景象。因此，他们决定为约西亚粉刷房屋支付一半费用。事实上，这相当于他们一起给约西亚提供了一项补贴。这样一来，相对于约西亚没有得到邻里补贴的情形而言，他粉刷房屋的时间会提前。

假设玛丽莎每天早晨从6点起开始练鼓，要练4小时。而你每天必须工作到晚上11点，因此很想睡到上午8点再起床。你觉得自己的睡眠时间很重要，不希望在睡觉时受到外界影响，因此你愿意为安静的睡眠环境支付40美元。尽管玛丽莎需要练习敲鼓，但她也能被说服（只要你每天能给她25美元的补偿）到上午8点钟再开始练习。要是你每天给玛丽莎25美元的小费，那么你便能获得更充足的睡眠时间，而玛丽莎只需推迟她的练鼓时间即可。这里并不需要政府干预。

约西亚的粉刷工作和玛丽莎的练鼓行为是两个可以用谈判来解决外部性问题的例子。但是，要想成功开展谈判，则必须有一些前提条件。具体如下：

- 交易的参与者必须相对较少。你和邻居可能会达成一致行动，但阿曼达和其他任何一个受到气候变化影响的人之间显然很难达成一致行动。
- 产权必须得到很好的界定和分配。约西亚拥有是否对他的房屋进行粉刷的权利，你的邻居拥有是否在清晨练鼓的权利。从邻居的角度看，他们没有权利要求玛丽莎在清晨保持安静。
- 必须不存在谈判的障碍。聘请法律专业人士可能是一种障碍，街坊邻居之间缺乏信任也可能是一种障碍。但是，如果约西亚和他的邻里之间平时相处很好，互相信任，就不存在谈判障碍了。

如果上面这些条件都能得到满足，那么使私人最优产量和社会最优产量相一致就不一定需要政府干预了。相反地，交易的参与者之间可以开展谈判，以达成某种协议。这个结论被称做**科斯定理**（Coase theorem），以它的提出者、杰出的经济学家罗纳德·科斯的名字命名。

习题

7. 下列各种情形是否都适用于科斯定理？如果不是，原因何在？

A. 一辆驶经你住所附近的大卡车，使劲按刹车气闸以试图减缓速度。

B. 邻居家的树木长到你的屋顶上，枯枝败叶堵塞了你家的排水系统。

你的邻居是个恶棍,你们之间从来没有共同话语。

C. 你妹妹的高中老师在暑期偶尔会去上一些职业发展课程。

D. 和你同住一层公寓楼的邻居每天清晨都要打扫走道,但他只扫自家门前的走道,你希望他能打扫一下你家门前的走道。

公共产品

到目前为止,我们讨论的所有商品和服务都是指**私人产品**(private goods)。私人产品具有两个特征:(1)当你消费某种私人产品时,其他人便不能同时消费该产品;(2)只要愿意,你可以采取某些措施来禁止其他人消费该产品。

当你翻读本书并做些注记时,其他人便不能同时阅读本书并做上相同的注记了。经济学家说:由于在同一时间对同一种私人产品而言,你的使用或消费会阻碍其他人(竞争者)的使用和消费,所以私人产品具有**消费的竞争性**(rival in consumption)。

只有当你把书放在背包里或放在桌子上时,其他人才不会轻易拿去阅读。经济学家说:私人产品**具有排他性**(excludable),因为你能排除其他人对它的使用或消费。

显然,也会存在一些不满足上述两个特征的产品,我们称之为**公共产品**(public goods)。一种公共产品具有以下两个特征:(1)当你消费某种公共产品时,我也能在同一时间里消费它,并且我的消费行为对你毫无影响;(2)你不能阻止我去消费该产品。

提示 ☞

公共产品的说法具有误导性,因为几乎所有公共"产品"事实上都是指某种"服务"。尽管如此,经济学家还是称之为"公共产品"。

当我收听某个无线电台的时候,你也可以收听这个无线电台。经济学家说:由于某人对公共产品(通常是指某种服务)的消费并不会阻碍其他人对它的消费,所以公共产品具有**消费的非竞争性**(nonrival in consumption)。

当警察巡逻杜绝了居住区的盗窃行为时,所有人都会变得更加安全。但是,我们并不能使某些人不能从中获益,而使另一些人从中获益。经济学家说：公共产品具有**非排他性**（nonexcludable），因为所有人都可以消费它。

一个不受管制的私人市场通常不会达成社会最优产量。这是因为自利的个人没有动机为公共产品付费。经济学家说：公共产品面临着**搭便车问题**（free rider problem）。自利的个人可以从其他人的慷慨之举中"搭便车"。一旦公共产品被生产出来以后，搭便车者便能在不支付费用的情况下消费该产品，因为他们的消费行为很难被阻止。但是，如果所有人都是自利的，都不愿意支付费用，那么将没有人愿意生产公共产品。

一些公共产品是由私人市场生产的，这是因为并非每个人都是自私自利的。公共广播和公共电视是两个很好的例子。公共广播通常是调频广播台，只需调试一下频道，我们便能免费收听到新闻、艺术和文化类节目。公共电视给我们免费播放《芝麻街》和《我们一家都是狮子》等节目。在美国，公共广播和公共电视每年都要举行几次筹款活动。广播台运营商会中断正在播放的节目，并开始呼吁收听者支付相应费用，以维持它们的正常运作。发言人表示"当前所有的收听者中只有 1/7 的人付费"，这意味着其他 6/7 的人都是搭便车者。

靠其他慷慨大方者的付费以勉强维持正常运作，对公共广播和公共电视可能是有效的，但是，这对绝大多数公共产品并不是有效的。通常的做法是由政府向那些能从公共产品中获益的人们征税，然后由政府提供这些公共产品。而政府面临的困境在于：该提供多少公共产品。

当警察晚上在你所住的街区巡逻时，他们很好地使你避免了盗窃损失。那么，警察每晚应该巡逻几次呢？答案取决于你和街坊邻居从警察巡逻中所获得的边际收益和所支付的边际成本。任何一种产品的社会最优产量都必须满足社会边际收益等于社会边际成本这一条件。

我们该怎样衡量边际收益的价值？这里的边际收益是指未发生的盗窃损失。但是，我们并不能对未发生的盗窃损失和警察巡逻的成本进行数值比较。首先，我们必须用同一种单位（美元）评估边际收益和边际成本。那么，警察巡逻的货币化收益到底是多少呢？

假设你和邻居接受了一份问卷调查。问题是：如果警察每晚在你附近小区的巡逻次数分别是一次、两次或三次，那么你愿意支付多少费用呢？答案取决于你对警察保护重要性的评价程度。假设你的邻居萨拉愿意为第一次、第二次、第三次和第四次巡逻分别支付 10 美元、7 美元、5 美元和 2 美元的费用，且认为巡逻次数没必要超过 4 次，而其他邻居的支付意愿却有所不同，你自己的支付意愿也是。表 8—1 给出了这项调查结果。

表 8—1　　　　　　　　你愿意为一项公共产品支付多少费用？

警察巡逻次数	边际支付意愿（美元）			
	萨拉	迭戈	泰勒	你
1	10	12	5	6
2	7	4	3	4
3	5	0	1	2
4	2	0	0	0
5	0	0	0	0

该小区的总边际收益为多少？我们可以通过对所有个人的边际收益加总得到。分别把每行的数字加总起来，我们得到警察每晚在该小区巡逻第一次、第二次和第三次的边际收益分别为 10＋12＋5＋6＝33 美元、7＋4＋3＋4＝18 美元和 5＋0＋1＋2＝8 美元，第四次巡逻则只有 2 美元，超出第四次的边际收益将为零。

提示

对公共产品而言，总需求是指所有有意愿支付一定量该产品的单个需求之和，将美元标价加总起来。对私人产品而言，总需求是指所有在某个产品价格上有意愿和有能力购买的单个消费的需求量之和，以数量形式加总起来。

警察每晚对该小区的巡逻次数应该为多少，取决于边际收益和边际成本之比。我们不妨假设警察每晚巡逻 1 次的边际成本为 13 美元，那么，根据表 8—1，警察应该每晚在小区内巡逻 1 次；反之，如果警察巡逻的边际成本为 5 美元，那么每晚的巡逻次数应该为 3 次。

图 8—3 描绘了这点。图 (b) 中的总边际收益由对图 (a) 中个人边际收益曲线的纵向加总得出。社会最优产量落在总边际收益等于边际成本之处。

习题

8. 下列各项活动中，分别符合消费的竞争性还是非竞争性？分别是排他性的还是非排他性的？

　A. 在一个非常大的公园里举办的音乐会。
　B. 在室内运动场举办的一场音乐会。
　C. 一次壮观的日落景象。
　D. 家庭影院频道播放的一套节目。
　E. 军事保护。

9. 何为搭便车者？

10. 在某小镇里有一座可容纳全镇居民的教堂。所有居民都可免费出入。但是，教堂没有传教士。小镇居民可以聘用一名巡回牧师，牧师在每月的每个周末分别造访一次、两次、三次或四次。牧师每造访一次需要300美元费用。根据某人的调查，该镇居民的支付意愿如下：

- 其中有10人，每人愿意为牧师每月的第一次、第二次和第三次造访分别付费10美元、5美元和2美元，但不愿为第四次造访付费。
- 其中有40人，每人愿意为牧师每月的第一次和第二次造访分别付费5美元和1美元，但不愿为第三次和第四次造访付费。
- 其中有30人，每人愿意为牧师每月的第一次造访付费5美元，但不愿为第二次、第三次或第四次造访付费。

根据上述信息，小镇居民每月会聘请巡回牧师造访几次？

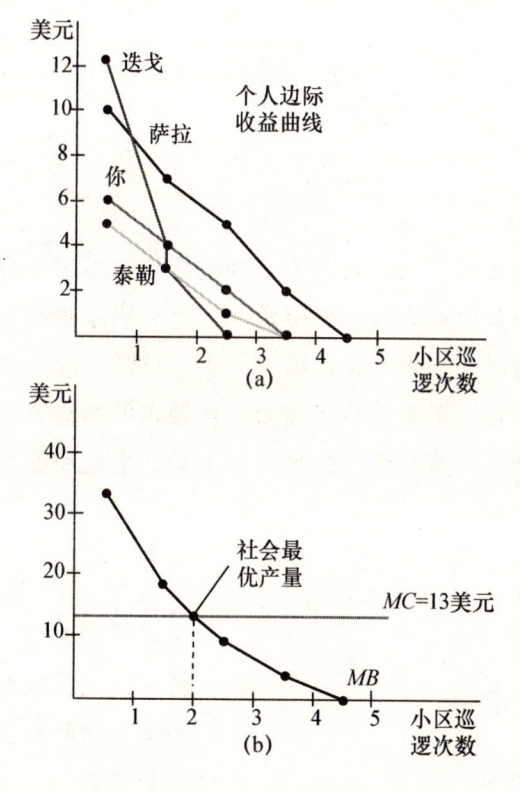

图 8—3 公共产品

图中，公共产品的总边际收益曲线由对所有个人边际收益曲线的纵向加总得出。社会最优产量落在总边际收益（MB）等于边际成本（MC）之处。

第 9 章 要素市场

企业需要雇用多少工人？每英亩土地的售价为多少？公司需要购置多少台机器？这些问题和生产要素——劳动、土地和物质资本——市场有关。对它们的回答可以借助于需求和供给模型，不过这需要我们稍微做些修改。模型中的角色做了互换，即企业成了需要生产要素的购买者，居民则成了供给生产要素的销售者。本章我们将依次讨论劳动、土地和物质资本这三种要素市场。

重要术语和概念

劳动供给	劳动供给曲线
劳动—休闲权衡	劳动的边际收益产品（MRP）
工资	劳动的边际物质产品（MPP）
休闲的机会成本	引致需求
放弃的工资收入	边际收益产品曲线
替代效应	劳动需求曲线
收入效应	均衡或市场工资
向后弯曲的供给曲线	均衡工资

劳动力剩余　　　　　　　预期收益率
劳动力短缺　　　　　　　利率
土地供给曲线　　　　　　投资决策法则
土地的边际收益产品　　　投资支出
物质资本　　　　　　　　外部融资
厂房　　　　　　　　　　内部融资
机械设备　　　　　　　　投资需求曲线
设备或生产耐用型商品　　乐观主义
资本的边际收益产品　　　悲观主义
资本的价格

重要公式

边际收益产品公式
投资决策法则公式

重要图形

劳动力市场均衡图
土地市场图
投资需求图

劳动力市场

在第3章中，我们已经对需求和供给做了介绍。什么因素决定了螺旋笔记簿的价格呢？需求和供给。螺旋笔记簿的需求抓住了笔记簿购买者的行为特征。对应于一个较高的价格，存在一个较低的需求量。需求曲线向下倾斜。螺旋笔记簿的供给抓住了笔记簿销售者的行为特征。对应于一个较高的价格，存在一个较高的供给量。供给曲线向上倾斜。当螺旋笔记簿市场达到均衡时，价格必须满足需求量等于供给量。

劳动力市场的运行逻辑和螺旋笔记簿市场相类似。在劳动力市场上，也存在一条向下倾斜的需求曲线和一条向上倾斜的供给曲线。两条曲线的交点所对应的价格即市场价格。描述的内容不同，其经济意义也不同。但是，供给和需求两者间相互作用的基本逻辑却是相同的。

劳动供给

劳动是由人们提供的，需要花费一定的时间。我们拿出自己的部分时间提供（出售）给公司，以换取金钱收入。经济学家称之为**劳动供给**（labor supply）。

一天有 24 小时，一星期有 7 天。我们必须决定如何分配这些时间来工作或从事其他活动。经济学家称之为**劳动—休闲权衡**（labor-leisure tradeoff）。这里，我们用休闲描述那些不以获取回报为目的的工作，如白天睡觉以便半夜醒来给孩子换尿布、在工作日请假以便和朋友一起去新奥尔良做义工等。

哪些因素对劳动—休闲权衡的影响最大？无疑是我们能从工作中获得的收入。**工资**（wage）是经济学家对劳动价格的特定称呼，指我们"出售"一小时劳动时间所挣得的收入。

当工资上涨时，我们面临提供更多劳动还是提供更少劳动的问题。如果我们不去工作，工资收入将为零。工资即不去工作的成本。经济学家说：**休闲的机会成本**（opportunity cost of leisure）等于我们**放弃的工资收入**（foregone wages）。随着休闲成本的上升，我们会减少花在休闲上的时间，把更多的时间用于工作。因此我们可以这样说：当工资上涨时，我们用工作来替代休闲。经济学家称之为高工资的**替代效应**（substitution effect），即在一个更高的工资水平上，我们会增加对劳动的供给，因为劳动的替代品休闲的成本提高了。

然而，更高的工资意味着我们能用同样的劳动时间挣得更多的收入。当每小时工资为 10 美元时，一周工作 20 小时可以获得 200 美元的收入；当每小时工资为 15 美元时，收入将增至 300 美元。随着收入的增加，我们会希望消费更多的正常商品。而休闲是一种正常商品。因此，当收入增加以后，我们对休闲的需求也会增加。经济学家称之为高工资的**收入效应**（income effect），即在一个更高的工资水平上，我们会减少对劳动的供给，因为此时的收入能允许我们从事更多的休闲。

提示

记住第 3 章我们对正常商品的定义：正常商品是指当我们的收入增加时会增加购买量的商品。

替代效应是指劳动供给量将随工资上涨而增加，这是因为休闲变得更加昂贵之故。收入效应是指劳动供给量将随工资上涨而减少，这是因为休

闲相对更容易负担得起之故。哪种效应占主导地位呢？在绝大多数工资水平上，替代效应占主导地位：工资上涨会使劳动供给量增加。在极高的工资水平上（高于我们绝大多数人一生所能预期的），收入效应占主导地位：工资上涨会使劳动供给量下降。经济学家把这种异常现象称做**向后弯曲的供给曲线**（backward-bending supply curve）。

图9—1描绘了**劳动供给曲线**（labor supply curve）。在绝大部分工资范围内，劳动供给曲线都是向上倾斜的。只有在非常高的工资水平上，劳动供给曲线才是向下倾斜或"向后弯曲的"。

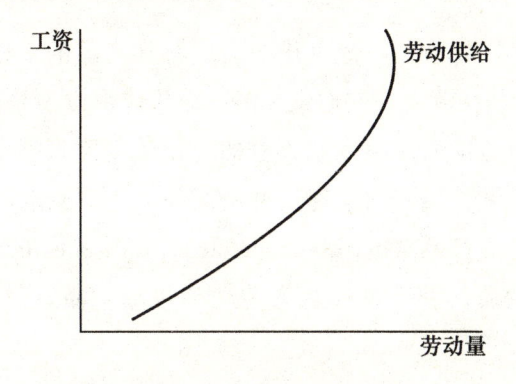

图9—1 劳动供给曲线

劳动供给曲线表明，工人的工作总量（工人数量乘以每名工人的工作量）将随工资上涨而增加。通常，只有在极高的工资水平上，劳动供给曲线才会"向后倾斜"，因为此时随着工资的进一步上升，工人会减少劳动供给。

习题

（所有习题的答案，参见本书后面。）

1. 工资上涨的替代效应是指什么？工资上涨的收入效应又是指什么？

劳动需求

企业或厂商需要雇用劳动。企业雇用工人从事生产，并把生产出来的产品销售给顾客。那么，什么因素决定了企业雇用的工人数量和工时安排呢？显然，企业必须给工人支付的工资很重要。此外，企业也会考虑工人的产出效率和产品售价等问题。

只要工人对公司收益的贡献大于公司所支付的工资，企业就应该继续雇用工人为它工作。如果让某位工人每周工作第30个小时能使公司增加50美元的收益，那么企业愿意给该工人支付的工资至多为 50 美元。但是，如果工作第 31 个小时只能给公司带来 5 美元的收益，那么企业将不会为这一小时工作支付高于 5 美元的工资。

经济学家把工人对企业收益的贡献称为**劳动的边际收益产品**（marginal revenue product of labor），或 MRP。一些书籍加了下标，记作 MRP_L。边际收益产品是指从额外一小时工作时间中所获得的收益的变化幅度。

$$边际收益产品 = \frac{总收益的变化额度}{工时变化数量} = \frac{\Delta TR}{\Delta L}$$

在一个完全竞争市场上，企业并不能左右其产品的价格高低。完全竞争市场上的企业是价格接受者。它们索要的产品价格由市场需求和供给决定。

由额外一小时劳动所产生的总收益的变化额度恰好等于产品价格乘以工人在该小时内的产量。经济学家把这种由额外一小时劳动所生产的额外产品**称做劳动的边际物质产品**（marginal physical product of labor）或 MPP（一些教材省略了"物质"两字，称之为劳动的边际产品，记作 MP）。在一个完全竞争市场上，

$$MRP = 产品价格 \times \frac{\Delta 产量}{\Delta L} = 产品价格 \times MPP$$

只要工人的边际收益产品大于企业所支付的工资水平，一家利润最大化企业将会继续雇用工人进行生产。利润最大化法则要求：当 $MRP >$ 工资时，继续雇用工人。

因为边际收益产品取决于企业所生产的产品的市场状况，所以经济学家把对劳动的需求称做**引致需求**（derived demand）。对劳动的需求源于对企业所生产的产品的需求。

一家企业将雇用多少工人？每周的工作量是多少？这些问题的答案取决于工人的边际收益产品。如果企业处在完全竞争行业中，那么它对工资率没有任何影响。因此，企业把工资当做是给定的。"因为本镇工人的每小时工资为 12 美元，所以我们也必须支付每小时 12 美元的工资。"

提示 ☞

> 记住：收益递减法则告诉我们，随着企业的员工人数不断增加，他们的边际产品将会下降。

企业雇用更多的工人以后，最后一名工人的边际产品将更低。因此，

边际收益产品曲线（marginal revenue product curve）将会向下倾斜。图 9—2 描绘了单个企业对劳动的需求情况。当每小时工资为 12 美元时，企业会雇用工人工作 200 个小时。这 200 个小时可能被分配给 10 名工人，即每名工人 10 小时；也可能被分配给 5 名工人，即每名工人 40 小时。两种情况下，雇主每周都将支付 200 小时的工资。

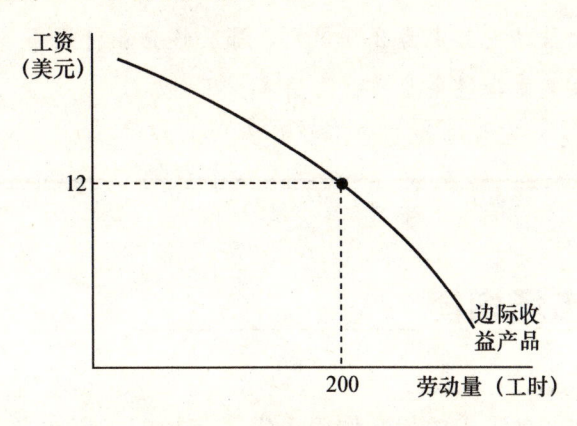

图 9—2　劳动的边际收益产品

随着更多的工人被雇用，收益递减法则会使最后一名工人的边际收益产品（MRP）下降。因此，只有当最后一名工人的劳动的边际收益产品不低于工资水平时，一个利润最大化的企业才会雇用更多的工人。图中，在工资水平为每小时 12 美元时，企业将雇用 200 小时的劳动量。对应于高工资水平，企业会减少劳动需求；对应于低工资水平，企业会增加劳动需求。

图中，边际收益产品曲线是指单个企业的劳动需求曲线。在高于每小时 12 美元的工资水平上，企业每周将雇用工人工作小于 200 个小时。为什么呢？因为存在收益递减法则。当企业雇用工人工作更少的时间时，由于存在收益递减法则，劳动的边际产品将会增加。因此，在一个更高的工资水平上，企业将进行相应的裁员，以使边际收益产品和工资相等。反之，当工资低于每小时 12 美元时，企业将会雇用更多的工人。

对劳动的市场总需求等于所有单个企业边际收益产品之和。收益递减法则告诉我们，所有的边际收益产品曲线都是向下倾斜的。因此，**劳动需求曲线**（labor demand curve）也将向下倾斜。

习题

2. 如何定义劳动的边际收益产品？对完全竞争企业而言，劳动的边际收益产品和企业产品售价之间有何关联？

3. 为什么当企业雇用更多的工人时，劳动的边际产品会下降（或递减）？（你可以参考本书前几章的内容来回答该问题！）

4. 完成下表。

工人数量	每天的总产出	边际产品	产品售价为6美元时的边际收益产品
0	0		
1	50		
2	90		
3	120		
4	140		

上表中，如果每天工资为240美元，那么该企业将雇用多少工人？如果每天工资为280美元，该企业又将雇用多少工人？

5. 为什么劳动需求曲线是向下倾斜的？

劳动力市场均衡

劳动供给和劳动需求的相互作用决定了市场的工资水平。图9—3描绘了这点。在绝大多数情况下，劳动供给将随工资上涨而增加，劳动需求将随工资上涨而减少。劳动供给和劳动需求的相互作用决定了**均衡或市场工资**（equilibrium or market wage）w^*和均衡劳动量q^*。

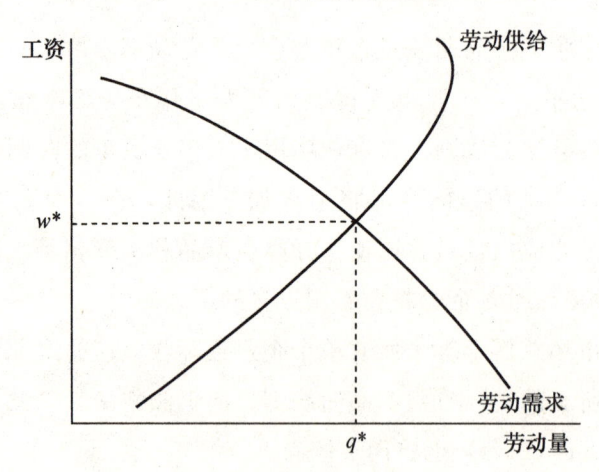

图9—3 劳动力市场均衡

当劳动需求量等于劳动供给量时，劳动力市场达到均衡状态。图中，均衡工资为w^*，均衡劳动量为q^*。

如果工资高于市场均衡水平，那么劳动供给量将会大于劳动需求量。如果工资过高，那么绝大多数工人将会涌向就业市场，从而超出企业有意愿雇用的数量。一些工人将会失业。工资将会被迫下降，直到等于**均衡工资**（equilibrium wage）w^*为止。

反之，如果工资低于市场均衡水平，那么劳动供给量将会小于劳动需求量。如果工资过低，企业将会雇用大于市场可得的工人数量。市场上将会出现大量"招聘"和岗位空缺信息。工资将会被迫上涨，直到等于均衡工资 w^* 为止。

劳动力市场均衡的变动

把握供给和需求曲线本身的移动和沿曲线的移动这两者间的区别很重要。只要工资发生变化，就对应于曲线上某一点的移动。如果影响劳动供给和劳动需求的其他因素发生了变化，那么整条曲线将出现移动。

劳动供给的移动

劳动供给曲线描绘了工人在劳动—休闲权衡方面的特征。影响我们工作意愿的偏好或制度的变化会使劳动供给曲线发生移动。自20世纪70年代以来，更多的白人已婚妇女涌入美国的劳动力市场。政治运动、法律变革和其他因素导致了这种劳动力的增加。劳动供给曲线出现右移。

一般情况下，如果更多的工人参与到经济中来，那么劳动供给曲线将会右移。如果工人退出经济，那么劳动供给曲线将会左移。

劳动供给的增加——劳动供给曲线右移——将会降低均衡工资。图9—4a阐释了这点。对应于原来的工资水平，劳动供给量现在已经超过了劳动需求量。因此，存在**劳动力剩余**（labor surplus），即失业。工资将会被迫下降。

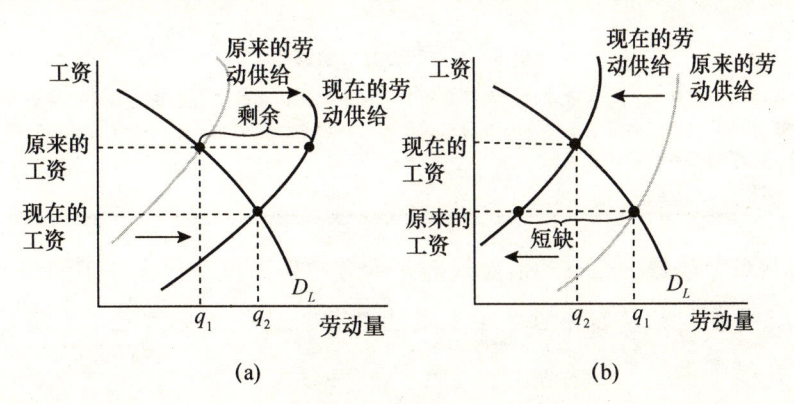

图9—4 劳动供给的移动

当劳动供给如图9—4a所示增加时，在原来的工资水平上将存在劳动力剩余。结果，均衡工资下降，均衡劳动量增加。当劳动供给如图9—4b所示减少时，在原来的工资水平上将存在劳动力短缺。结果，均衡工资上涨，均衡劳动量减少。

劳动供给的减少——劳动供给曲线左移——将会推高均衡工资。图9—4b阐释了这点。对应于原来的工资水平，劳动供给量现在已经低于劳动需求量。因此，存在**劳动力短缺**（labor shortage），工资将会被迫上涨。

□ 劳动需求的移动

劳动需求曲线由每家企业的边际收益产品加总得出。（记住：在完全竞争行业中，劳动的边际收益产品等于劳动的边际物质产品乘以产品售价之积。）因此，劳动需求反映了工人的生产效率和产品售价等情况。如果工人的生产率或产品售价发生变化，那么工人的边际收益产品也会跟着发生变化。劳动需求曲线将会移动。

如果工人的生产率得到了提高，即每小时能生产出更多的产品，那么企业将愿意支付更高的工资。图9—5a描绘了这点。在原来的工资水平上，劳动需求量现在超过了劳动供给量，因此，存在劳动力短缺。企业需要招募更多的工人，工资将被迫上涨。

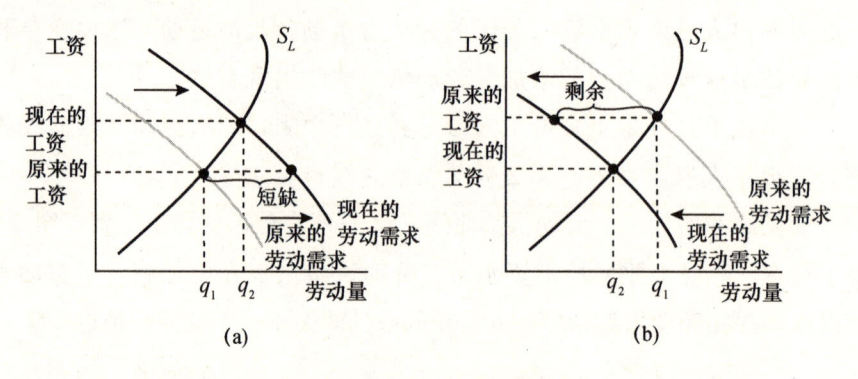

图9—5 劳动需求的移动

当劳动需求如图9—5a所示增加时，在原来的工资水平上将存在劳动力短缺。结果，均衡工资上涨，均衡劳动量也增加。当劳动需求如图9—5b所示减少时，在原来的工资水平上将存在劳动力剩余。结果，均衡工资下降，均衡劳动量也减少。

提示

注意到劳动需求曲线的右移看起来和劳动需求曲线的上移很相似。通常而言，只要你把劳动需求曲线看成是上翘的，那么很容易就能获得这种直觉：雇主有意愿给工人支付一个更高的工资。

劳动需求的减少将使需求曲线向左移动。对应于任何一个工资水平，企业将雇用更少的工人。图9—5b描绘了这点。在原来的工资水平上，劳动供给量现在超过了劳动需求量。存在劳动力剩余，部分工人将面临失业，工资开始下降。

习题

6. 在下列各种情形中，劳动需求和劳动供给是否发生了变化？工资是上涨还是下降？就业是增加还是减少？

A. 计算机科学作为一门大学主修课程变得越来越热门，这增加了计算机行业从业人员的数量。

B. 新鲜水果的价格出现下跌，这影响了果农的市场行情。

C. 管理车间工人的新方法使制造业工人的生产力得到了提高。

D. 服装价格上涨，影响到了服装零售市场。

7. 完成下表（同习题4）。

工人数量	每天的总产出	边际产品	产品售价为6美元时的边际收益产品	产品售价为8美元时的边际收益产品
0	0			
1	50			
2	90			
3	120			
4	140			

假设每天工资为240美元，如果产品售价为6美元，那么企业将雇用多少工人？如果产品售价为8美元，那么企业又将雇用多少工人？

劳动力市场模型的误用

在第3章讨论供给和需求时，我们对相关产品市场的定义是非常谨慎的。均衡的定义并不是针对"学校供给"，也不是笼统地针对"办公用品"，而仅仅是针对"螺旋笔记簿"这一特定产品。

因此，劳动力市场模型也一样。我们必须很谨慎地定义这个市场。我们是在讨论女装店的促销员市场或研究型大学的物理学教授市场，还是某个大型体育场所的厕所保洁员市场？在塔吉特百货超市里，商品标签上机读条形码的引进确实会提高促销员的工作效率，但是，这和那些在波士顿沼泽公园里冲洗厕所的人们的工作效率毫无瓜葛。

对劳动力市场模型的一个很普遍的误用是把经济中各行业工人的情形混

为一谈。因此，劳动需求被定义为整个经济体对工人的总需求，而劳动供给则被定义为整个经济体中工人的总供给。但是，这些定义实际上却是对劳动力市场模型的一个误用。各种不同类型的劳动力市场之间存在大量差异，把它们混为一谈很难说得通。

尽管如此，只要能谨慎定义我们所讨论的劳动力市场类型，劳动力市场模型仍然有助于我们对工资波动等现象的理解。在20世纪70年代，大量白人已婚妇女涌入美国劳动力市场，这给研究型大学的物理学教授市场带来了哪些冲击呢？显然没有。但是，妇女们的大量涌入，确实给上班族和教师市场带来了冲击。因此，我们随时都要谨慎定义所讨论的市场含义。

土地市场

什么因素决定了每英亩土地的价格呢？显然，**土地**（land）也是一种投入，也是一种生产要素。因此，可用来研究劳动的类似概念也可以被用来研究土地。

土地需求（demand for land）取决于每英亩土地的边际收益产品。那么，多增加一英亩土地的额外收益是多少呢？对开发商来说，曼哈顿市区一英亩土地的收益显然要大于密西西比河中部流域一英亩土地的收益。

土地供给（supply of land）如何？它几乎是保持不变的。除了围海造田增加土地面积或海平面上升减少土地面积以外，土地供给几乎是不变的。内布拉斯加州奥马哈市的面积为74 240英亩，没有特殊情况的话，这一数值很少会发生变化。

因为土地供给是固定的，所以**土地供给曲线**（land supply curve）是一条垂直的直线。我们很容易知道土地的均衡数量是多少，这在土地供给曲线上一目了然。唯一的问题在于：每英亩土地的价格为多少？

每英亩土地的价格取决于**土地的边际收益产品**（marginal revenue product of the land）。不管是谁，只要他能从该土地上获得最高收益，都会愿意为这块土地支付一个最高价格。对一个种植玉米的农民而言，曼哈顿市中心一英亩土地所能创造的收益，比一个想用该地段建造一栋摩天大楼的开发商要低得多。因此，开发商对曼哈顿市中心地段每英亩土地的出价明显要高于农民的出价。

那么，土地的售价将是多少呢？它将等于最高边际收益产品。边际收益产品部分取决于土地的自然生产力,而自然生产力又是由气候、灌溉系统和土壤类型决定的。土地的边际收益产品取决于该土地上所生产的产品的售价水平。

图9—6描述了这点。假设在曼哈顿市中心有一些空闲地块,这些空闲地块即土地供给。一个种植玉米的农民在该地块上只能获得少许玉米,因为这里的阳光不足,土壤也不适宜种植玉米。农民能从该地块上获得的边际收益产品是非常低的。

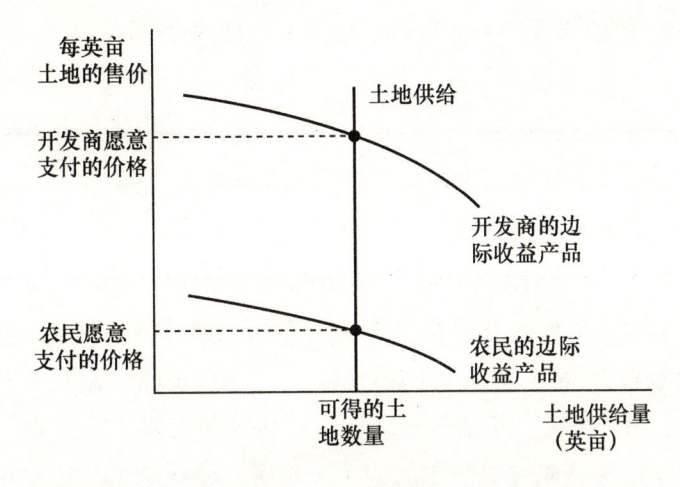

图9—6 土地市场

土地的供给不会随价格发生变化,因此土地供给曲线是垂直的。每英亩土地的价格取决于土地的边际收益产品。对房地产开发商而言,曼哈顿地区一英亩土地产生的收益显然大于一个农民。因此,在同一英亩土地上,开发商的边际收益产品大于农民的边际收益产品。土地将被出售给开发商,开发商的标价等于该土地的边际收益产品。

一个房地产开发商可以在该地块上建造一栋摩天大楼。该地块的地理位置非常适合用来办公和居住。因此,房地产开发商能从该地块上获得的边际收益产品要远高于农民。土地将被出售给开发商,开发商愿意支付的价格等于土地用于房地产开发所产生的边际收益产品。

习题

8. 为什么土地供给曲线是垂直的?

9. 一个世纪以前,伯克利地区有乳牛场,但现在已经没有了。用土地市场模型解释这点。

10. 水稻需要非常湿润的土地才能生长,玉米也需要非常湿润的土地才能生长。为什么沼泽地更多地被出售给种植水稻的农民而非种植玉米的农民?

物质资本市场

物质资本（physical capital）构成了第三种投入要素或生产要素。经济学家用"物质资本"一词来表示**厂房**（building）和**机械设备**（machinery）。机械设备不只有机器，档案柜、办公桌和电脑也被看成是机械设备。有时，机械设备也被称做**设备**（equipment）或**生产耐用型商品**（product durable goods）。

提示

这里的资本并不是指股票和债券。经济学家对"资本"一词有特定用法。资本是指厂房和机械设备。

一家利润最大化的企业会购买多少资本呢？你可能推测答案同样取决于**资本的边际收益产品**（marginal revenue product of capital）和**资本的价格**（price of capital）之比。从某种意义上说，情况确实如此。

但是，在讨论企业有关资本的购买决策时，经济学家一般不用资本的边际收益产品这种说法。相反地，企业通过对资本的**预期收益率**（expected rate of return）和现行**利率**（interest rate）的比较，来做出购买多少资本的决策。这两种方法——比较资本的边际收益产品和资本价格，以及比较资本的预期收益率和利率——会得出相同的结果。如果玛丽通过对展架的边际收益产品和价格的比较，发现购买一个新展架对她的服装店而言是一个明智的决策，那么这种决策也可以通过对该展架的预期收益率和利率的比较得出。

资本的预期收益率是购买资本的成本和使用资本的收益这两者间的一个比值。（记住：这里的资本是指机器和厂房，而不是指货币。）预期收益率用百分比的形式来表示。如果要精确计算，预期收益率的计算将非常复杂。因此，我们把它留给财务专家去计算。这里，我们只是对它进行简单讨论。假设玛丽的服装店正在寻找一个崭新的售价为 500 美元的展架。因为这个档次的展架不太结实，所以它在年底将不得不报废。从购买展架中所能获得的收益增加额为 575 美元，即玛丽服装店能获得 75 美元的额外收益。那么，从购用展架中得到的预期收益率为 75/500＝15%。

此时，购买展架是否是明智之举呢？它能否带来利润的增加？答案取决于利率水平。一个利润最大化的企业将会对收益和成本进行比较。收益即指从购买和使用一项资本中所获得收益的增加额,成本即指借钱购买资本的成本。如果收益大于成本,那么就应该购买资本;如果收益小于成本,那么就不应该购买资本。

企业的利润最大化法则陈述如下:

当预期收益率＞利率,则购买资本;当预期收益率＜利率,则不购买资本。

经济学家有时把它称做**投资决策法则**(investment decision rule)。当企业购买机械设备或修建厂房时,经济学家称之为**投资支出**(investment spending)。

□ 选择哪个利率?

当某家企业为购买资本而借入资金时,经济学家称之为**外部融资**(external finance)。使用外部融资的成本即企业因借入资金而支付的利率。

如果玛丽服装店购买了展架,其预期收入为 75 美元,占展架成本 500 美元的 15%。但是,如果玛丽服装店借入资金的利率为 18%,即成本为 500 美元售价乘以 18%,等于 90 美元。若玛丽服装店不得不借入资金才能购买展架,则她就不应该这么做,因为 15% 的预期收益低于 18% 的利息成本。

若企业可以通过开支票的形式来支付该项资本费用,情况又如何?

此时,经济学家称该企业使用了**内部融资**(internal finance)。使用内部融资的成本是一种机会成本,即企业原本可以获得的利息收入。

假设玛丽服装店希望能从购买一个 500 美元的展架中获得 15% 的收益率,这些费用可以通过开支票进行支付。若银行在玛丽服装店的支票账户里支付 3% 的利率,则用 500 美元购买展架的成本等于 3%,即玛丽服装店所放弃的利息收入。此时,如果玛丽服装店能通过开支票购买展架,那么就应该这么做,因为 15% 的预期收益率大于放弃的 3% 的利息收入。

习题

11. 外部融资是指什么?内部融资又是指什么?
12. 投资决策法则是指什么?对外部融资和内部融资而言,是否存在不同的决策法则?

13. 假设你的兄弟经营着一家舞蹈俱乐部，他认为如果他配置一台新音响设备，肯定会有更多人加入。他估算了一下，购买音响设备的预期收益率为8%。试问在哪种情形下，他会选择购买新音响设备？

☐ 投资需求曲线

在高利率水平上，企业会减少对资本的购买。更少的投资项目（建造厂房或购买机器设备）将使预期收益率高于高利率水平。

在低利率水平上，企业会增加对资本的购买。更多的投资项目（建造厂房或购买设备）将使预期收益率低于低利率水平。

提示

经济学家用"投资"一词表示对物质资本的购买，投资和股票、债券或其他金融资产没有任何关联，不要混淆这点。

投资需求曲线（investment demand curve）用来描述利率和物质资本支出之间的关系。经济学家称之为**投资支出**（investment spending）。图9—7给出了一条投资需求曲线。利率变化使我们沿现有投资需求曲线移动。纵轴上利率的下降对应于横轴上投资支出的增加。

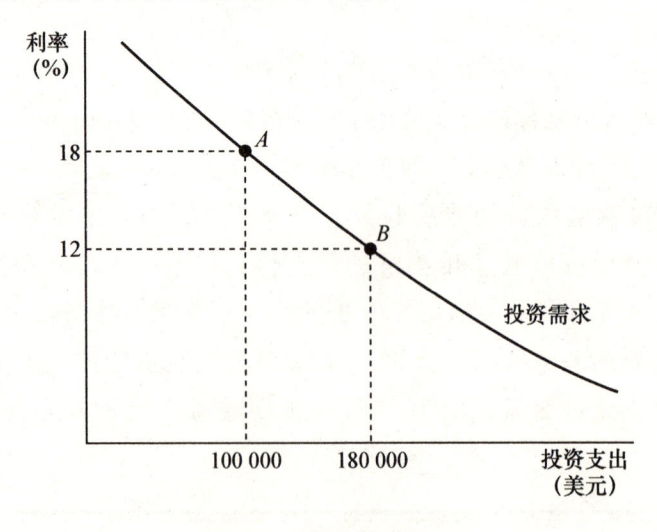

图 9—7　投资需求曲线

投资需求曲线描绘了对应于每个利率水平，企业将会在物质资本（机器设备和厂房）投资上花费多少金钱。当利率为18%时，投资支出为10万美元，如点A所示。当利率为12%时，投资支出为18万美元，如点B所示。

如果资本的预期收益率发生变化，那么投资需求曲线将会发生移动。当企业家对经济前景更为乐观时，他们认为投资收益会增加。**乐观主义**（optimism）使企业提高它们的预期收益率，从而使投资需求曲线出现右移。

当企业家对经济前景更为悲观时，他们认为企业经营将会碰到困难。**悲观主义**（pessimism）使企业降低它们的预期收益率，从而使投资需求曲线出现左移。

习题

14. 作图表示当利率下降时，投资支出将如何变化。

15. 假设经济步入了衰退期，企业家预期未来几年内的产品销售量会下降。如果利率仍保持不变，那么它对投资支出有何影响？请作图表示。

本书结语

至此为止，本书几乎对所有微观经济学内容都做了讨论，希望它有助于提高你对微观经济学的理解！

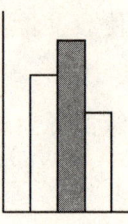

习题答案

第1章 经济学分析工具：数学和图形

1. $Y = 350 + 0.3Y$

   $0.7Y = 350$

   $Y = 350/0.7 = 500$

2. 变化率 $= (110-100)/100 = 10/100 = 0.10 = 10\%$。

3. 变化率 $= (100-110)/110 = -10/110 = -0.091 = -9.1\%$。

4. 当我们自左向右移动时，纵轴距离为负，横轴距离为正。因此，斜率＝纵轴距离/横轴距离＝－2/2＝－1。

5. 因为需求量随着价格上涨而下降，所以这是一条向下倾斜的曲线。

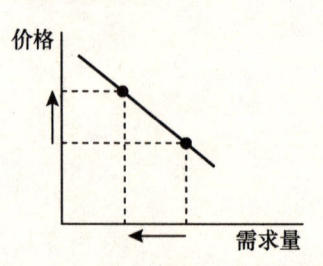

6. 当财富增加时，支出也增加，但是随着财富的进一步增加，支出增加的幅度会越来越小，因此曲线具有递减的正斜率。

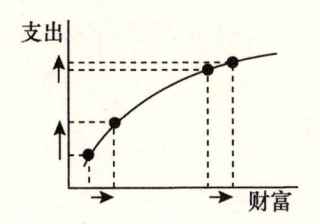

7. 当工人的数量增加时，他们的边际产出一开始也增加，但随后便会减少，因此曲线先升后降。

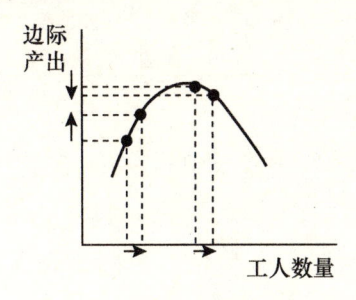

8. 因为收入恒等于总支出，所以曲线的斜率恒为1。

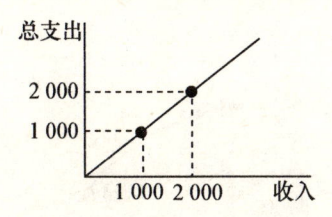

9. 当失业率较低时，通胀率较高；当失业率较高时，通胀率较低。因此，这是一条向下倾斜的曲线。

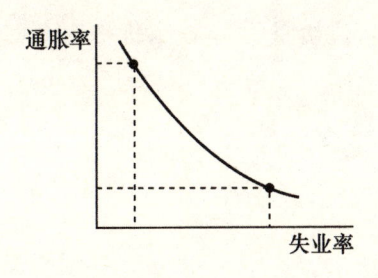

10. 供给量随着价格上涨而增加，因此这是一条向上倾斜的曲线。

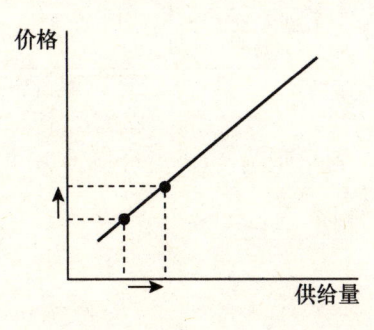

11. 对一家垄断企业而言，随着产量的不断增加，边际收益曲线向下倾斜的程度将比平均收益曲线更大。因此我们需要画两条曲线，它们的斜率都为负，且边际收益曲线倾斜度更大。

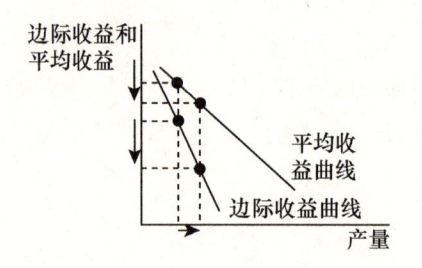

12. 当黄油产量从 2 000 单位减少到 1 900 单位时，枪支产量将从 10 单位增加到 20 单位。但是，当黄油产量从 1 000 单位减少到 900 单位时，枪支产量却只是从 80 单位增加到 82 单位。因此，曲线具有一个递减的负斜率（凹向原点）。

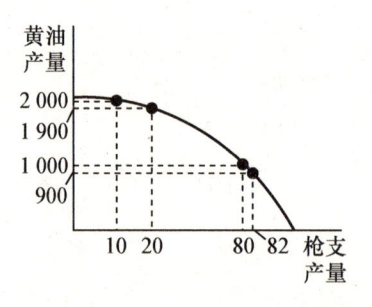

13. 当价格为 5 时，供给量为 13；当价格为 8 时，供给量为 19。因此，这是一条向上倾斜的直线。

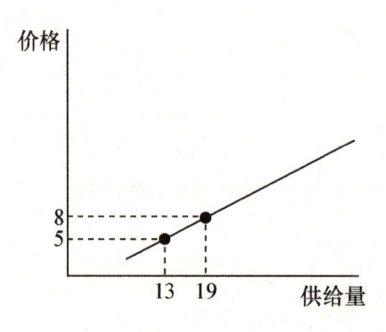

14. 当价格为 5 时，需求量为 40；当价格为 10 时，需求量为 30。因此，这是一条向下倾斜的直线。

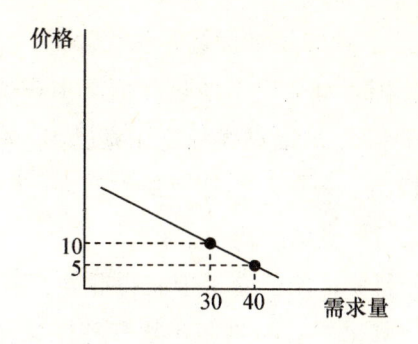

第 2 章　生产可能性边界、经济增长与贸易收益

1. 当枪支数量从 15 000 把增加到 20 000 把时，机会成本为 30 000 磅黄油。

2. 当黄油数量从 65 000 磅增加到 75 000 磅时，机会成本为 5 000 把枪支。

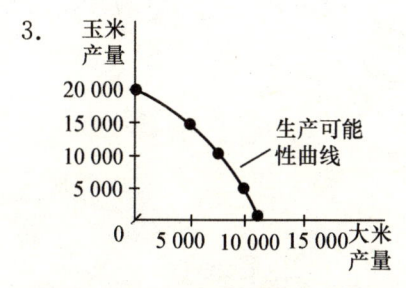

3.

4. 是的，这些数据阐释了机会成本递增法则。随着大米产量的不断增加，其边际成本将出现递增。同理，随着玉米产量的不断增加，其边际成本也将出现递增。

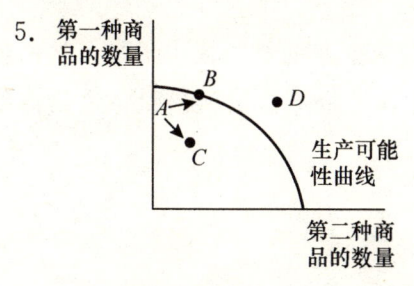

5.

  a. 生产可能性曲线上或里面的任何一点表示一种可实现的产出组合。

  b. 生产可能性曲线上的任何一点表示一种有效率的产出组合。

  c. 生产可能性曲线里面的任何一点表示一种无效率的产出组合。

  d. 生产可能性曲线外面的任何一点表示一种不可实现的产出组合。

6. 不能。一种产出组合不可能既是有效率的（耗尽全部资源），又是不可实现的（耗尽全部资源也达不到）。

7. 克恩国具有生产玉米的绝对优势：在克恩国，每英亩土地能生产200蒲式耳玉米；在塔夫特国，每英亩土地只能生产100蒲式耳玉米。

8. 克恩国具有生产小麦的绝对优势：在克恩国，每英亩土地能生产150蒲式耳小麦；在塔夫特国，每英亩土地只能生产50蒲式耳小麦。

9. "贸易收益"是指更多的产出总量。

10. 能，罗宾和玛利亚都能从交易中获得收益。罗宾是否擅长做所有的事情并不会带来影响。如果罗宾和玛利亚从事各自具有比较优势的事情，他们将获得更美观的花园和更可口的美餐（贸易收益）。罗宾可以负责做饭，玛利亚则负责打理花园。

第3章 需求和供给

1. 当购买者的收入出现增加时，对正常商品的需求会增加。在任意价格水平上将存在一个更高的需求量，需求曲线右移。上网本的均衡价格上升，均衡产量也增加。

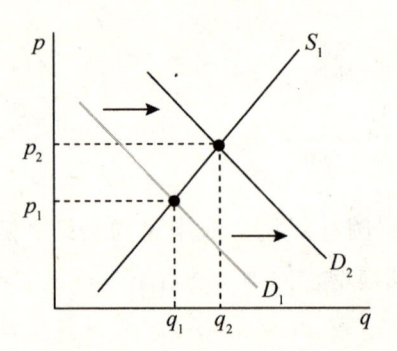

2. 钢笔生产商给雇员的工资上涨会使企业的投入成本增加，从而使其减少钢笔供给。在任意价格水平上将存在一个更低的供给量，供给曲线左移。钢笔的均衡价格上升，均衡产量下降。

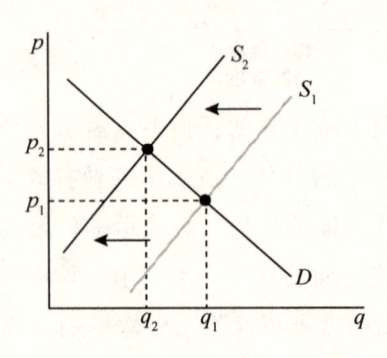

3. 当购买者的偏好转向混合动力型小车时，他们对该类车型的需求会增加。在任意价格水平上将存在一个更高的需求量，需求曲线右移。混合动力型小车的均衡价格上升，均衡产量也增加。

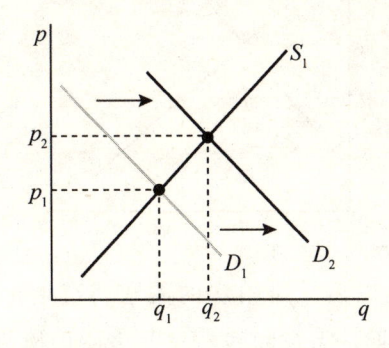

4. 当汽油的价格出现上涨时，对作为汽油互补品的多功能运动型小车的需求将减少。在任意价格水平上将存在一个更低的需求量，需求曲线左移。多功能运动型小车的均衡价格下降，均衡产量也下降。

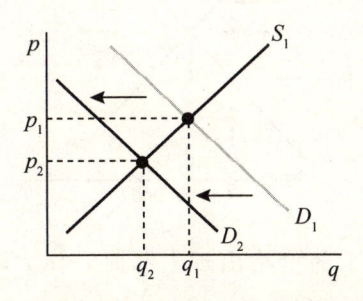

5. 当小镇上开设了更多的商务酒店以后，酒店餐饮的供给将增加。在任意价格水平上将存在一个更高的供给量，供给曲线右移。酒店餐饮的均衡价格下降，均衡产量增加。

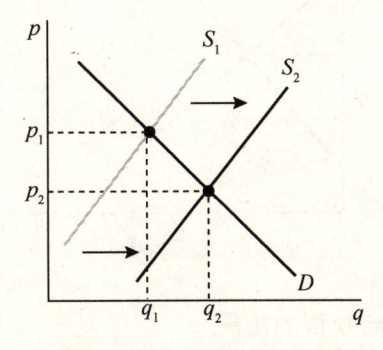

6. 当飓风把许多石油勘探平台毁坏以后，原油供给将下降。在任意价格水平上将存在一个更低的供给量，供给曲线左移。原油的均衡价格上升，均衡产量下降。

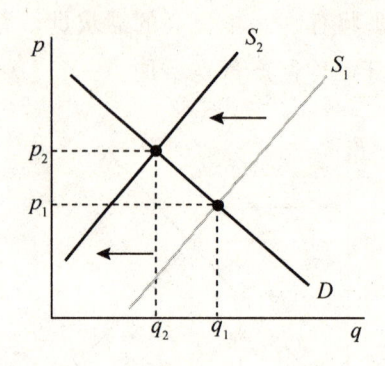

7. 当小镇人口增加以后，对租房的需求将会增加。在任意价格水平上将存在一个更大的需求量，需求曲线右移。房屋均衡价格上升，均衡产量也增加。

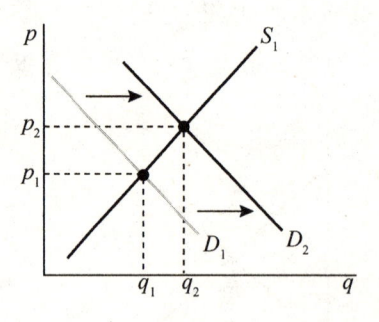

8. 当巧克力夹心饼干的价格出现上涨时，作为饼干替代产出品的巧克力蛋糕的供给将会下降。在任意价格水平上将存在一个更低的供给量，供给曲线左移。巧克力蛋糕的均衡价格上升，均衡产量下降。

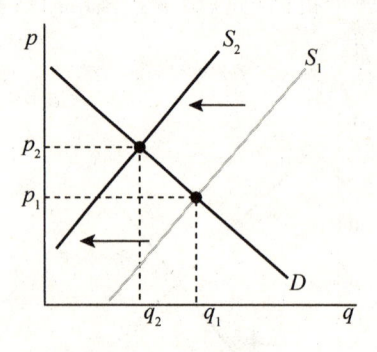

第4章 需求和供给模型的扩展

1. 价格下限被绑定，销售量低于均衡数量。

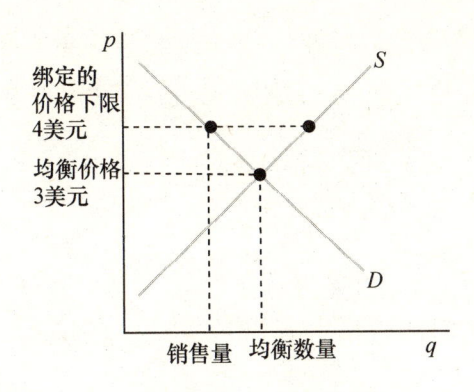

2. 价格下限未被绑定，销售量等于均衡数量。

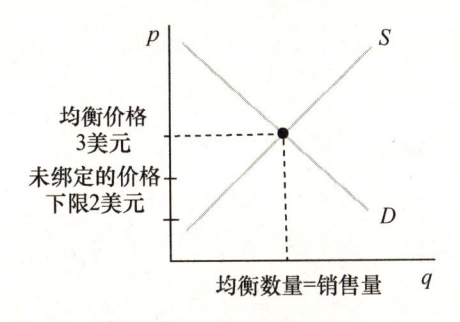

3. 价格上限未被绑定，销售量等于均衡数量。

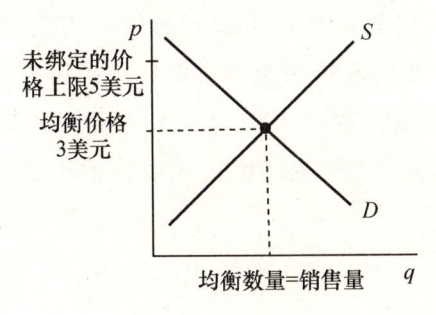

4. 价格上限被绑定，销售量低于均衡数量。

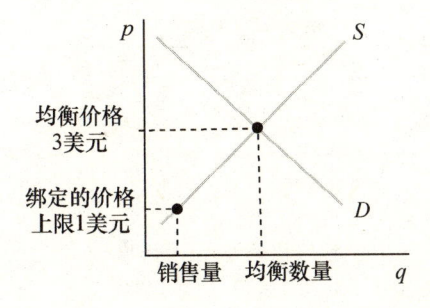

5. 需求的价格弹性＝(＋8)/(－10)＝－0.8，需求不具有弹性。
6. 需求的价格弹性＝(－3)/3＝－1.0，需求具有单位弹性。
7. 需求的价格弹性＝(－5)/1＝－5.0，需求具有弹性。

8. 需求的价格弹性 = $(-\infty)/+5 = -\infty$，需求完全具有弹性。

9. 需求的价格弹性 = $0/(-2) = 0$，需求完全不具有弹性。

10. 需求的价格弹性 = $\dfrac{\dfrac{95-100}{(95+100)/2}}{\dfrac{6-5}{(6+5)/2}} = \dfrac{-0.051}{+0.182} = -0.28$。

11. 需求的价格弹性 = $\dfrac{\dfrac{500-2\,000}{(500+2\,000)/2}}{\dfrac{10-5}{(10+5)/2}} = \dfrac{-1.20}{+0.667} = -1.8$。

12. 需求的价格弹性 = $\dfrac{\dfrac{11\,000-10\,000}{(11\,000+10\,000)/2}}{\dfrac{7-8}{(7+8)/2}} = \dfrac{+0.095}{-0.133} = -0.71$。

13. 若需求不具有弹性，则价格上涨会使总收益增加。

14. 若需求具有弹性，则价格上涨会使总收益下降。

15. 若需求具有弹性，则价格下跌会使总收益增加。

第5章 消费者理论

1. 如果你不去帮奶奶做事，那么你的效用为零（经济学家给出的假设），因此你从第一个小时和第二个小时帮你奶奶做事中所获得的边际效用分别为 $100-0=100$ 效用单位和 $180-100=80$ 效用单位。

2. 效用最大化法则是指，你花费在所有商品上的最后一美元的 MU/P 必须相等。

3. 当支出为15美元时，为了使效用最大化，你可以购买1份豆薯、3袋爆米花和4块甘草糖。

豆薯（每份2美元）			爆米花（每袋3美元）			甘草糖（每块1美元）		
数量 (Q_J)	总效用 (TU_J)	单位美元的边际效用 (MU_J/P_J)	数量 (Q_K)	总效用 (TU_K)	单位美元的边际效用 (MU_K/P_K)	数量 (Q_L)	总效用 (TU_L)	单位美元的边际效用 (MU_L/P_L)
1	80	**40**	1	180	60	1	80	80
2	120	20	2	330	50	2	140	60
3	140	10	3	420	**30**	3	185	45
4	150	5	4	480	20	4	210	**25**
5	156	3	5	510	10	5	230	20

4. 当苹果价格上涨到1.5美元时，MU/P 会发生变化，如表中第4列所示。为了使支出为20美元时的总效用最大化，我们现在应该购买2个苹

果和 $3\frac{3}{5}$ 磅牛肉。

苹果数量 (Q_A)	总效用	当 p_A=1 美元时，单位美元的边际效用 (MU_A/1 美元)	当 p_A=1.5 美元时，单位美元的边际效用 (MU_A/1.5 美元)	牛肉数量 (Q_B；磅)	总效用	当 p_B=5 美元时，单位美元的边际效用 (MU_B/5 美元)
1	50	50	33.33	1	1 000	200
2	90	40	**26.67**	2	1 800	160
3	115	25	16.67	3	2 025	**45**
4	137	22	14.67	4	2 125	20
5	158	21	14.00	5	2 175	10

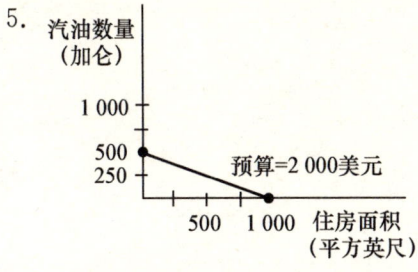

5.

6. 预算线的斜率＝－住房价格/汽油价格＝－2/4＝－1/2。

7. 当月度预算增加到 3 000 美元时，预算线会向外移动（右移）。因为价格未发生变化，所以预算线斜率不变。

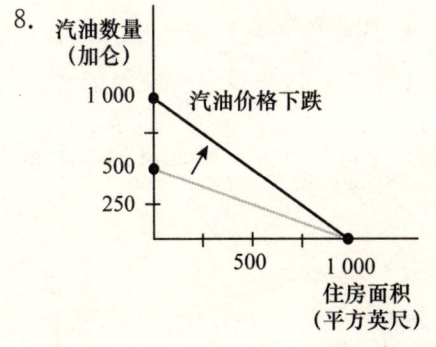

8.

9. 我们并不能确定提供 800 效用单位满足程度的汽油和住房组合的第二条无差异曲线的确切位置，但我们知道它比提供 500 效用单位组合的无差异曲线离原点更远。因此，画出的无差异曲线如下。

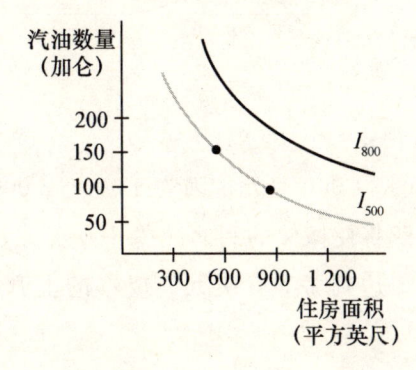

10. 无差异曲线上任意两点间的斜率等于两种商品边际效用之比的相反数。在习题9中，斜率＝－住房的边际效用/汽油的边际效用。

11. 不相同。当沿无差异曲线自左上方往右下方移动某一点时，该点所对应的斜率将越来越趋近于零。

12. 由于存在边际效用递减法则，所以无差异曲线是一条凸向原点的曲线，而不是一条直线。

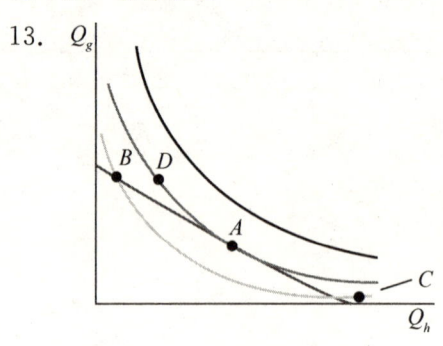

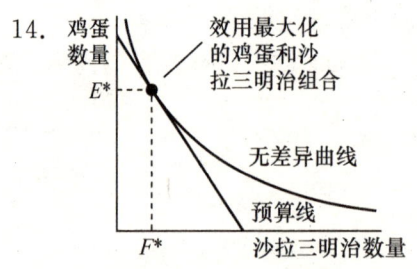

13.

14.

15. 当汽油价格出现上涨时，预算线会向左下方旋转。汽油需求量将会下降。汽油需求曲线仍然是向下倾斜的。

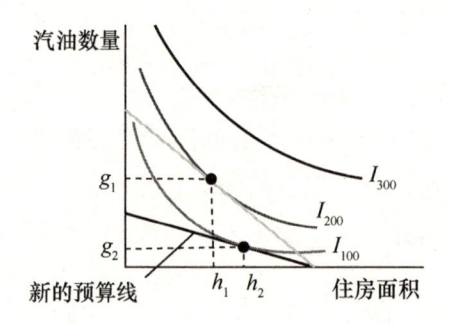

第6章 完全竞争企业

1. 企业每周的利润是1 000美元，因为4 000－3 000＝1 000美元。

2. 多生产40份比萨将使佩佩的利润减少100美元，因为边际收益只有400美元，而边际成本却达到了500美元。成本的上升比利润的上升要快，所以利润下降。

3. 长期是指一段足够长的时间,在该时间内,企业得以出售或购置机器和厂房,退出或签订一些长期合约。作为一个大型跨国连锁咖啡店,星巴克可能需要花几个月的时间才能出售或购置一些设备或门店。但是,在周末画廊和工艺品展销市场上出售作品的画家却能随时出售或购买材料。

4. 第 11 名工人每周的边际产出是 430－400＝30 份比萨。第 12 名工人每周的边际产出是 455－430＝25 份比萨。

5. 房租属于固定成本;电费属于可变成本,因为它会随每月顾客人数的变化而变化;洗发槽和造型设备属于固定成本;保险费属于固定成本;雇员属于可变成本,因为雇员的工作时间将随顾客人数的变化而变化;洗发水和护发品属于可变成本,因为它们也会随顾客人数的变化而变化。

6. 边际成本曲线和平均总成本曲线相交于平均总成本曲线的最低点处。

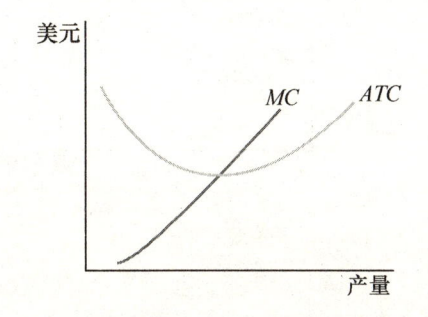

7. 当每天生产 100 件玩具娃娃时,每件娃娃的平均总成本是 2 美元($=$ 200 美元/100 件)。当每天生产 101 件玩具娃娃时,每件娃娃的平均总成本是 2.1 美元($=$212.10 美元/101 件)。生产第 101 件娃娃的边际成本是 12.10($=$212.10－200)美元。

8. 在短期内,当玩具娃娃的产量增加时,可变成本会增加,固定成本则保持不变。

9. 出售夏季南瓜的地方农产品市场属于完全竞争;航空运输属于寡头行业;酒店餐饮属于垄断竞争行业。

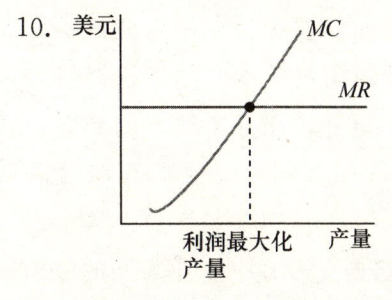

10.

11. 当价格等于 p_1 时,利润最大化产量为 40。当价格等于 p_2 时,利润最大化产量为55。当价格等于p_3时，利润最大化产量为70。

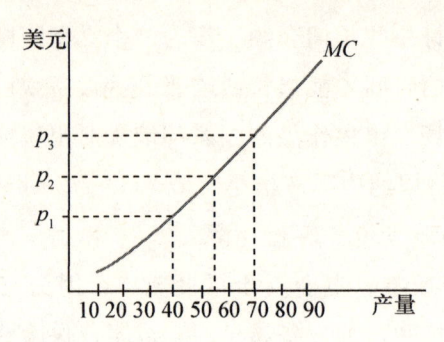

12. 超额利润图示：

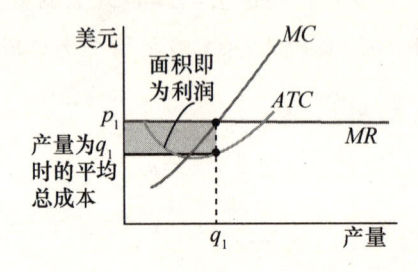

经济利润图示：

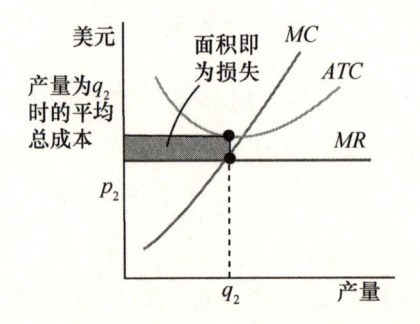

13. 由于平均总成本高于价格，企业将遭受亏损。每天的亏损额等于$100\times(6.50-6.00)=50$美元。在长期内，由于遭受亏损，企业将会退出该行业。在短期内，由于6美元的产品售价高于4.8美元的平均可变成本，企业将会继续生产。企业会用续产所获得的收益弥补它的可变成本，即每天弥补$120[=100\times(6.00-4.80)]$美元的固定成本。如果选择续产，企业的亏损额将低于停产情况下的亏损额。但是，在开工续产的同时，企业每天必须想办法售出它的设备，并跳出长期合同，以便在长期内退出该行业。

14. 由于价格低于平均总成本，企业将遭受亏损。企业每天的亏损额为$40\times(90-75)=600$美元。在长期内，由于遭受亏损，企业将会退出该行业。在短期内，由于75美元的产品售价低于82美元的平均可变成本，企业将选择停产。相对于续产，企业停产的亏损额更少。

15. 不能，完全竞争企业在长期内不能持续获得超额利润。这是因为其他企业也会进入该行业，使产品的市场价格下跌，从而销蚀了原有企业的超额利润。

第7章 不完全竞争

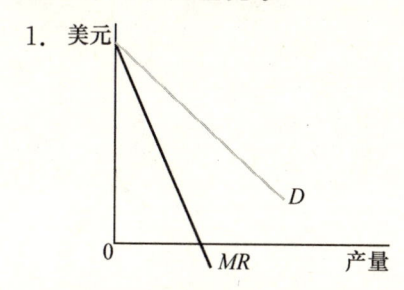

1. [图：纵轴美元，横轴产量，D曲线与MR曲线，MR斜率更陡]

2. 产量效应使收益增加了$30(=30\times101-30\times100)$美元。价格效应使收益减少了$22(=28\times101-30\times101)$美元。因此，净效应使边际收益增加了$8(=30-22)$美元。

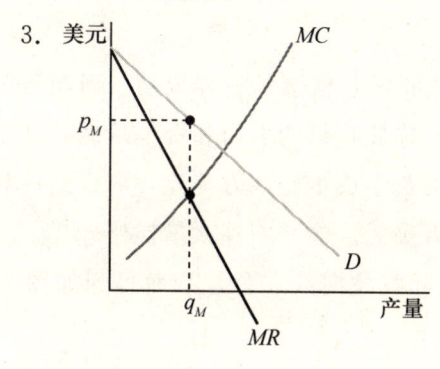

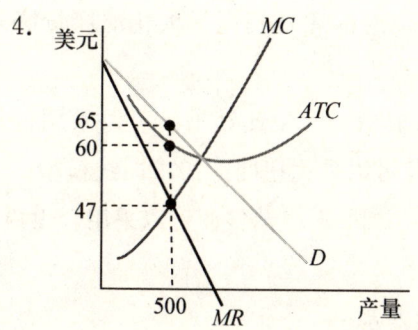

3. [图：纵轴美元，横轴产量，MC、D、MR曲线，均衡点p_M、q_M]

4. [图：纵轴美元，横轴产量，MC、ATC、D、MR曲线，标注65、60、47和500]

5. 每天的利润=（单位收益65美元－单位成本60美元）×100单位产量=每天2 500美元。

6. 能，在长期内垄断企业能持续获得超额利润。这是因为存在阻止其他企业进入该行业并和垄断企业形成竞争的进入壁垒。

7. 在完全竞争情形下，企业生产同质的无差异的产品。但是，在垄断竞争情形下，企业生产有差异的产品。在垄断情形下，进入壁垒阻止了企业进入某个行业。但是，在垄断竞争情形下，将不存在进入壁垒。

8. 在垄断竞争行业中，企业的利润最大化法则仍然是使产量满足边际收益（MR）等于边际成本（MC）。

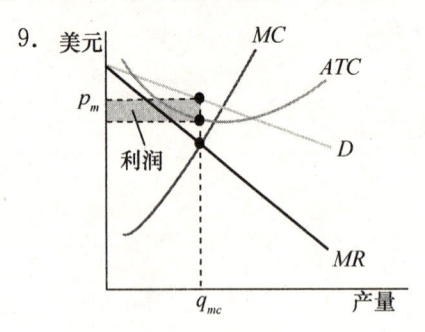

9.

10. 在长期内，垄断竞争行业中一家典型企业的利润通常为零，这是因为不存在阻止其他企业进入该行业的进入壁垒。如果一家典型的企业能获得超额利润，那么其他企业便会进入该行业，与之竞争业务，从而使原有企业的经济利润减少至零为止。

11. 经济利润为零意味着经营企业和做其他事情一样成功。当经济利润为零时，会计利润即你的机会成本——你凭自己的努力和资本从做其他事情中所能获得的最高收入。如果你每年的机会成本是 8 万美元，那么经济利润为零意味着你每年的会计利润也为 8 万美元。这并不算太糟糕！

12. 将图 7—5 中的需求曲线和边际收益曲线左移，从而得到如图 7—6 所示的零经济利润图形。

13. 关于寡头企业，我们唯一能确定的描述是利润最大化的产量必须满足 $MR=MC$。

14. 篱笆墙建筑公司可以采用古诺模型；大型连锁书店可以采用价格领导模型；4 家生产同一种类似产品的企业可以采用扭曲的需求曲线模型；采纳新产品模型的决策可以采用博弈论模型；旅游 T 恤销售商可以采用合谋模型。

第 8 章　市场失灵：外部性和公共产品

1. A. 会产生负外部性；B. 会产生正外部性；C. 既会产生负外部性（对嗅觉过敏的人而言），又会产生正外部性（对喜欢香味的人而言）。

2. 边际私人成本只计算了从事某项活动的人们的成本，而忽视了其他人所承担的成本。边际社会成本却同时计算了其他人的外部成本或边际损害成本。

3. 当存在负外部性时，私人最优产量将大于社会最优产量。这是因为私人产量取决于边际私人成本而非边际社会成本，而社会最优产量却取决于边际社会成本。当存在负外部性时，边际社会成本大于边际私人成本，更高的成本导致更低的产量。

4. 对边通话边开车的最优处罚额度恰好等于外部成本，即10美元。

5. 如果老师必须自己支付所有的培训费用，那么最优私人产量将低于社会最优产量。如果没有补贴，那么在决定上多少暑期培训课时，老师通常只会考虑私人收益，不会考虑外部收益。最优补贴额应为每次3 000美元，即恰好等于外部收益。

6. 联邦政府通过减免业主税额给房产权提供补贴。这种补贴和房屋所有权给社会创造了额外收益的观念相一致。人们普遍认为，更低的犯罪率和更高的政治参与是由房屋所有权带来的两种收益。

7. A. 不适用。因为参与方太多了。如果只有一名或两名卡车司机，那么科斯定理适用。

B. 不适用。因为邻居的无赖之举给谈判造成了障碍。如果你和邻居相处得很好，你们同意采取一致行动，那么科斯定理适用。

C. 不适用。因为参与方太多了。高中老师每年都要带许多学生，召集这些学生和家长以试图说服他们给老师参加暑期培训提供补贴不太现实。

D. 适用。你可以跟邻居谈谈，问他如果你支付报酬他是否愿意给你打扫一下走道。

8. A. 消费的非竞争性（我听音乐会并不影响你听音乐会）和非排他性（即使好位置被别人抢占了，也不会影响我听音乐会）。

B. 消费的非竞争性和排他性（只有购票者可以进去，室外听不到里面的乐声）。

C. 消费的非竞争性（我观赏日落不会影响你观赏日落）和非排他性（所有人都能观赏日落景象）。

D. 消费的非竞争性（我观看电视节目不会影响你观看节目）和排他性（你必须给有线电视或卫星电视服务商缴费才能接收到家庭影院频道的信号）。

E. 消费的非竞争性（我受到保护不会影响你受到保护）和非排他性（如果我因受到保护而免遭敌军袭击，那么我的邻居也可能免遭了敌军袭击）。

9. 搭便车者是指某个人，他消费了某项公共产品，却没有付费。

10. 聘请牧师造访的总支付意愿可通过对小镇所有居民各自的支付意愿加总得到。牧师第一次造访，有10人每人愿意付费10美元，70人每人愿意付费5美元，因此总额为450美元。由于450美元高于300美元的牧师造访费用，所以小镇支付得起牧师的第一次造访。牧师第二次造访，有10人每人愿意付费5美元，40人每人愿意付费1美元，因此总额为90美元。由于90美元低于300美元的牧师造访费用，所以小镇支付不起牧师的第二次造访。

第9章 要素市场

1. 工资上涨，休闲的机会成本将增加，因此工人会用工作替代更昂贵的休闲，从而增加劳动供给。这便是工资上涨的替代效应。但是，在工资上涨以后，工人的收入也会增加，因此对正常商品的需求也增加。由于休闲是一种正常商品，所以工人会把更多的时间用于休闲，从而减少劳动供给。这便是工资上涨的收入效应。

2. 劳动的边际收益产品是指企业从多雇用一名工人中所获得的额外收益。对完全竞争企业而言，劳动的边际收益产品等于企业的产品售价乘以劳动的边际物质产品。

3. 多雇用工人会使企业的总产出增加（边际产品大于零）。但是，多雇用的工人必须和其他工人一起使用工作场所和机器设备，因此，相对于原来的工人而言，多雇用的工人给企业带来的产出增加额要少得多，即所谓的边际收益递减法则。

4.

工人数量	每天的总产出	边际产品	产品售价为6美元时的边际收益产品
0	0		
1	50	50	300
2	90	40	240
3	120	30	180
4	140	20	120

如果每天工资为240美元，那么企业会雇用2名工人。企业不会雇用第3名工人，因为他虽能给公司带来180美元的额外收益，但却需要支付240美元的成本。如果每天工资为280美元，那么企业只会雇用1名工人。企业不会雇用第2名工人，因为他虽能给公司带来240美元的额外收益，但却需要支付280美元的工资成本。

5. 劳动需求曲线是向下倾斜的，这是因为存在边际收益递减法则。随着就业人数的不断增加，劳动的边际物质产品和边际收益产品将会下降。

6. A. 计算机行业的劳动供给将会增加。由于该行业从业人数的增加，工资将会下降。

B. 新鲜水果行业的劳动需求将会减少，从而使该行业的工资和就业下降。

C. 对制造业工人的劳动需求将会增加，从而使该行业的工资和就业上升。

D. 对零售销售员的劳动需求将会增加，从而使该行业的工资和就业上升。

7.

工人数量	每天的总产出	边际产品	产品售价为6美元时的边际收益产品	产品售价为8美元时的边际收益产品
0	0			
1	50	50	300	400
2	90	40	240	320
3	120	30	180	240
4	140	20	120	160

当每天工资为240美元时，如果产品售价为6美元，那么企业会雇用2名工人。如果产品售价为8美元，那么企业将雇用3名工人。

8. 土地供给曲线之所以是垂直的，是因为在一定时期内可以利用的土地面积是固定的。海平面上升会减少土地面积，围湖造田会增加土地面积。但是，除了这些极端情形之外，土地面积将保持不变。地球上的土地面积并不会任意增加或减少，以回应其价格的波动。

9. 一个世纪以前，伯克利地区的奶农能从养殖奶牛中获得高收益，要是人们不养殖奶牛，这些地块将不能获得这么高的收益。因此，土地由奶农所有，奶农能获得比其他人更高的收益。奶农所获得的边际收益产品是最高的。但时至今日，伯克利地区已经没有乳牛场了，这是因为工厂和地产开发商买下了这些地块并改变了它们的用途。随着伯克利地区人口的增加，该地段的价值对工厂和地产开发商的价值比农民更大。因此，农民便出售了他们的土地。

10. 对种植水稻的农民而言，沼泽地的边际收益产品要比种植玉米的农民的边际收益产品高。因此，土地将被出售给种植水稻的农民，他有意愿支付一个比种植玉米的农民所愿意支付的更高的价格。

11. 外部融资是指借入资金以支付一项投资品（机器或新厂房）的成本。内部融资是指用企业自己的资金支付该项投资品的成本。

12. 投资决策法则是指，当资本的预期收益率高于利率时购买该项资本，当利率高于资本的预期收益率时不购买该项资本。不管该项投资是通过外部融资还是内部融资实现，投资决策法则都适用。

13. 如果你的兄弟能以低于 8% 的利率借到资金，那么他就应该购买一台新音响设备。

14. 当利率下降时，我们将沿投资需求曲线移动到一个更高的投资支出水平。

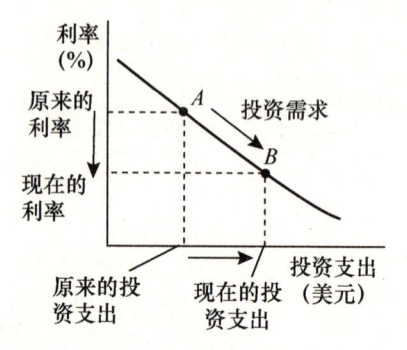

15. 当产品的预期未来销售量会下降时，预期收益率也会下降。如果利率保持不变，那么投资支出将会减少。

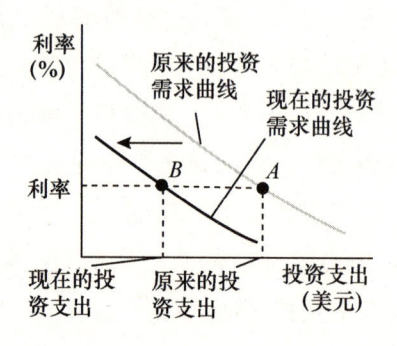

词汇表

A

Abnormal profit，超额利润
Absolute advantage，绝对优势
Absolute value，绝对值
Accounting profit，会计利润
Advantage，优势
    absolute，绝对优势
    comparative，比较优势
Aggregate，加总
Algebra，代数
Analysis, utility，效用分析
Antitrust laws，反托拉斯法
Asymmetric economic growth，非对称经济增长
Attainable combination，可实现的组合
Average fixed cost，平均固定成本
Average total cost，平均总成本（ATC）

Average variable cost，平均可变成本

Axis，坐标轴

    horizontal，横轴

    truncated，截断轴

    vertical，纵轴

B

Backward-bending supply curve，向后弯曲的供给曲线

Barrier to entry，进入壁垒

Benefits，收益

    external，外部收益

    marginal social，边际社会收益

    social marginal，社会边际收益

Binding，price ceiling，限价，价格上限

Budget constraint，预算约束

    as tangent to indifference curve，作为无差异曲线切线的预算约束线

Budget line，预算线

    slope of，预算线的斜率

Buildings，厂房

Burden of the tax，税收负担

C

Capital，资本

    definition of，资本的定义

    fixed，固定资本

    normal rate of return on，资本的正常收益率

    physical，物质资本

    price of，资本价格

Cartel，卡特尔

Coase theorem，科斯定理

Collusion，合谋

    model，合谋模型

Combination，组合

  attainable，可实现的组合

  efficient，有效率的组合

  inefficient，无效率的组合

  unattainable，不可实现的组合

Comparative advantage，比较优势

  theory of，比较优势理论

Competition，竞争

  imperfect，不完全竞争

  monopolistic，垄断竞争

  perfect，完全竞争

Complementary goods，互补品

Complements in production，互补产出品

Concave to origin，凹向原点

Constant returns to scale，规模收益不变

Consumer equilibrium and demand curve，消费者均衡和需求曲线

Consumer surplus (CS)，消费者剩余 (CS)

  calculation of，消费者剩余的计算

Consumer theory，消费者理论

  budget constraint，预算约束

  consumer equilibrium and demand curve，消费者均衡和需求曲线

  income and substitution effects，收入效应和替代效应

  indifference curves and，无差异曲线

  utility maximization，效用最大化

Consumption，消费

  nonrival in，消费的非竞争性

  rival in，消费的竞争性

Convex to the origin，凸向原点

  indifference curves，无差异曲线

Cost curves，成本曲线

  graph of，成本曲线图

  long-run average total，长期平均总成本曲线

Costs，成本

  average fixed，平均固定成本

  average total，平均总成本
  average variable，平均可变成本
  external，外部成本
  fixed，固定成本
  of inputs，投入成本
  long-run average，长期平均成本
  marginal，边际成本
  marginal damage，边际损害成本
  marginal private，边际私人成本
  marginal social，边际社会成本
  opportunity，机会成本
  private marginal，私人边际成本
  of public goods，公共产品的成本
  revenue versus，收益和成本
  total，总成本
  variable，可变成本
Cournot model，古诺模型
Cross-price elasticity of demand，需求的交叉价格弹性
Curves，曲线
  cost，成本曲线
  demand，需求曲线
  graphing，作曲线图
  indifference，无差异曲线
  labor demand，劳动需求曲线
  labor supply，劳动供给曲线
  linear，线性曲线
  marginal cost，边际成本曲线
  marginal product，边际产品曲线
  marginal revenue product，边际收益产品曲线
  move along versus shift of，沿曲线移动和曲线的移动
  nonlinear，非线性曲线
  product，产出曲线
  supply，供给曲线

total product,总产出曲线

D

Data,plotting,数据,描点
Deadweight loss,无谓损失
  of tax,税收的无谓损失
Decimals,小数
Decreasing returns to scale,规模收益递减
Demand,需求
  cross-price elasticity of,需求的交叉价格弹性
  curves,需求曲线
  definition of,需求定义
  derived,引致需求
  elastic,弹性需求
  income elasticity of,需求的收入弹性
  individual,个人需求
  inelastic,无弹性需求
  labor,劳动需求
  for land,土地需求
  market,市场需求
  move along curve,沿需求曲线移动
  perfectly elastic,完全弹性需求
  perfectly inelastic,完全无弹性需求
  price elasticity of,需求的价格弹性
  quantity demanded,需求量
  schedule,需求表
  shift in curve,需求曲线的移动
  shift of,需求的移动
Demand and supply,需求和供给
  consumer surplus,消费者剩余
  excise taxes,消费税
  extensions of model,需求和供给模型的扩展
  midpoint method,中值法

model of，需求和供给模型
　　price ceilings，价格上限
　　price floors，价格下限
　　producer surplus，生产者剩余
　　total revenue effect，总收益效应
Demand curve，需求曲线
　　consumer equilibrium and，消费者均衡和需求曲线
　　investment，投资需求曲线
　　kinked，扭曲的需求曲线
Dependent variables，因变量
Derived demand，引致需求
Diminishing marginal rate of substitution，边际替代率递减
Diminishing marginal returns，边际收益递减
Directly related variables，直接相关变量
Diseconomies of scale，规模不经济
Dominant firms，主导企业
Dominant strategy，占优策略
Duopoly，寡头

E

Economic growth，经济增长
　　asymmetric，非对称经济增长
Economic loss，经济损失
Economic models，经济模型
　　expression of，经济模型的表达方式
　　Keynesian，凯恩斯经济模型
　　life-cycle，生命周期经济模型
Economic profit，经济利润
　　in long run，长期经济利润
Economics，经济学
　　normative，规范经济学
　　positive，实证经济学
　　as social science，经济学作为一门社会科学

economies of scale，规模经济

Effects，效应
    income，收入效应
    price，价格效应
    quantity，数量效应
    substitution，替代效应

Efficient combinations，有效率的组合

Elastic demand，弹性需求

Elasticity，弹性
    surplus and，剩余和弹性
    unitary，单位弹性

Empirical evidence，经验证据

Entry, barriers to，进入壁垒

Equilibrium，均衡
    changes of，均衡的变化
    consumer，消费者均衡
    determining，均衡的确定
    labor market，劳动力市场均衡
    long-run，长期均衡
    market，市场均衡
    Nash，纳什均衡
    price，均衡价格
    quantity，均衡产量
    shift of demand，均衡需求的移动
    shift of supply，均衡供给的移动
    wage，均衡工资

Equipment，设备

Evidence, empirical，经验证据

Excise taxes，消费税
    elasticity and，弹性和消费税

Excludable private good，排他性私人产品

Exit, of firm，企业退出

Expected rate of return，预期收益率

External benefit，外部收益

External cost，外部成本

External finance，外部融资

Externalities，外部性

    internalizing，外部性内部化

    negative，负外部性

    positive，正外部性

F

Factor markets，要素市场

    labor demand，劳动需求

    labor market equilibrium，劳动力市场均衡

    labor markets，劳动力市场

    labor supply，劳动供给

    land markets，土地市场

    misuse of labor market model，劳动力市场模型的误用

Finance，融资

    external，外部融资

    internal，内部融资

Firms，企业

    dominant，主导企业

    exit of，企业退出

    perfectly competitive，完全竞争企业

    shut-down point for，企业停产点

Fixed capital，固定资本

Fixed costs，固定成本

    average，平均固定成本

Forego，放弃

Foregone wages，放弃的工资

Fractions，分数

Franchises, government 政府机构

Free rider problem，搭便车问题

Functional notation，函数符号

G

Gains from trade，贸易收益
Game theory，博弈论
Goods，商品
 complementary，互补品
 inferior，劣等品
 normal，正常商品
 private，私人产品
 producer durable，生产耐用型商品
 public，公共产品
 substitute，替代品
Government franchises，政府机构
Government intervention, avoiding，避免政府干预
Graphing，作图
 basics，基准
 curves，曲线
 horizontal axis and，横轴
 move along versus shift of curves，沿曲线移动和曲线的移动
 nonlinear curves，非线性曲线
 opportunity costs，机会成本
 plotting data，描点
 quadrants，象限
 slope，斜率
 truncated axis，截断轴
 two dimensional，二维图形
 vertical axis and，纵轴
Graphs, reading，读图

H

Horizontal axis，横轴

I

Imperfect competition，不完全竞争

  monopolistic competition and，垄断竞争和不完全竞争
  monopoly，垄断
Income，收入
  effect，收入效应
  income elasticity of demand，需求的收入弹性
  increasing returns to scale，规模收益递增
  independent variables，自变量
Indifference curves，无差异曲线
  budget constraint as tangent to，作为无差异曲线切线的预算线
  convex to the origin，凸向原点
  slope of，无差异曲线的斜率
Indifferent，无差别
Individual demand，个人需求
Individual supply，个人供给
Industries，行业
  monopolistic competition，垄断竞争行业
  monopoly，垄断行业
  oligopoly，寡头行业
  perfect competition，完全竞争行业
  types of，行业类型
Inefficiency, for price floors and ceiling，无效的价格下限和价格上限
Inefficient combination，无效率的组合
Inelastic demand，无弹性需求
Inferior goods，劣等品
Inputs，投入
  costs of，投入成本
  productivity of，投入品的生产力
  variable，可变投入
Interest rates，利率
Internal finance，内部融资
Internalizing the externalities，外部性内部化
Interpersonal comparison of utils，效用的人际比较
Intervention, avoiding government，避免政府干预

Inversely related variables，反向相关变量
Investment，投资
    decision rule，投资决策法则
    demand curve，投资需求曲线
    spending，投资支出

K

Keynesian model，凯恩斯模型
Kinked demand curve model，扭曲的需求曲线模型

L

Labor，劳动
    marginal physical product of，劳动的边际物质产品
    marginal revenue product of，劳动的边际收益产品
    shortage，劳动力短缺
    surplus，劳动力剩余
Labor demand，劳动需求
    curve，劳动需求曲线
    shifts of，劳动需求的变动
Labor-leisure tradeoff，劳动—休闲权衡
Labor market equilibrium，劳动力市场均衡
    changes of，劳动力市场均衡的变化
Labor market model，misuse of，劳动力市场模型的误用
Labor markets，劳动力市场
Labor supply，劳动供给
    curve，劳动供给曲线
    shifts of，劳动供给的移动
Land，土地
    demand for，土地需求
    marginal revenue product of，土地的边际收益产品
    supply of，土地供给
Land market，土地市场
Land supply curve，土地供给曲线

Law of diminishing marginal utility,边际效用递减法则

Law of increasing opportunity cost,机会成本递增法则

Leisure, opportunity cost of,休闲的机会成本

Life-cycle model,生命周期模型

Linear curve,线性曲线

    budget,预算线

    straight,直线

Long run,长期

Long-run average cost,长期平均成本

Long-run average total cost curve,长期平均总成本曲线

Long-run equilibrium, monopolistic competition in,垄断竞争的长期均衡

Loss, economic,经济损失

M

Machinery,机器设备

Macroeconomics,宏观经济学

Marginal cost,边际成本

    curve,边际成本曲线

    graph of,边际成本图

Marginal damage cost,边际损害成本

Marginal physical product of labor (MPP),劳动的边际物质产品 (MPP)

Marginal private costs,边际私人成本

Marginal product,边际产品

    curve,边际产品曲线

Marginal rate of substitution,边际替代率

    diminishing,边际替代率递减

Marginal returns, diminishing,边际收益递减

Marginal returns,边际收益

    graph of,边际收益图

    product curve,边际收益产品曲线

    product of the capital,资本的边际收益产品

    product of the land,土地的边际收益产品

Marginal revenue product of labor (MRP),劳动的边际收益产品 (MRP)

Marginal social benefit，边际社会收益
Marginal social cost，边际社会成本
Marginal utility (MU)，边际效用（MU）
 law of diminishing，边际效用递减法则
Marginal utility per dollar (MU/P)，单位美元的边际效用（MU/P）
Market，市场
 demand，市场需求
 equilibrium，市场均衡
 factor，要素市场
 labor，劳动力市场
 land，土地市场
 for physical capital，物质资本市场
 shortage，市场短缺
 size of，市场规模
 supply，市场供给
 surplus，市场剩余
 wage，市场工资
Market failure，市场失灵
 definition of，市场失灵的定义
 externalities，外部性
Mathematical tools，数学工具
Microeconomics，微观经济学
Midpoint method，中值法
 formula for，中值法公式
Model of demand and supply，需求和供给模型
Monopolistic competition，垄断竞争
 collusion model and，合谋模型
 Cournot model，古诺模型
 game theory，博弈论
 kinked demand curve model and，扭曲的需求模型
 in long-run equilibrium，长期均衡
 oligopoly and，寡头和垄断竞争
 price leadership model，价格领导模型

Monopoly，垄断
  demand and marginal revenue for，垄断的需求和边际收益
  imperfect competition and，不完全竞争和垄断
  natural，自然垄断
  imperfect competition and，完全竞争和垄断
Move along a curve，沿曲线移动
  demand，需求

N

Nash equilibrium，纳什均衡
Natural monopoly，自然垄断
Negative externality，负外部性
  graphical approach，负外部性的图形描述
  graph of，负外部性图形
Negatively related variables，负相关变量
Negative slope，负斜率
  calculation of，负斜率的计算
   decreasing，递减的负斜率
   increasing，递增的负斜率
Nonlinear curves，非线性曲线
Nonrival consumption，消费的非竞争性
Normal good，正常商品
Normal profit，正常利润
Normal rate of return on capital，资本的正常回报率
Normative economics，规范经济学

O

Oligopoly，寡头
  monopolistic competition and，垄断竞争和寡头竞争
OPEC，See Organization of Petroleum Exporting Countries（OPEC），石油输出国组织（OPEC）
Opportunity costs，机会成本
  calculation of，机会成本的计算

  graphing，机会成本作图
  internal finance as，内部融资的机会成本
  law of increasing，机会成本递增法则
  of leisure，休闲的机会成本
Optimism，乐观主义

P

Patents，专利
Pay off，支付
  matrix，支付矩阵
Perfect competition, monopoly and，完全竞争和垄断竞争
Perfect competitive industry，完全竞争行业
Perfectly competitive firms，完全竞争企业
  exit，退出
  industries, types of，行业类型
  profit，利润
  shut-down point for，完全竞争企业的停产点
  shut-down versus production，停产和续产
Perfectly elastic demand，完全弹性需求
Perfectly inelastic demand，完全无弹性需求
Pessimism，悲观主义
Physical capital，物质资本
  buildings，厂房
  equipment，设备
  machinery，机械设备
  producer durable goods，生产耐用型商品
Positive economics，实证经济学
Positive externality，正外部性
  graphical approach，正外部性的图形阐释
Positively related variables，正相关变量
Positive slope，正斜率
  calculation of，正斜率的计算
  decreasing，递减的正斜率

increasing，递增的正斜率
Predatory pricing，掠夺性定价
Price ceiling，价格上限
　　binding，绑定
　　inefficiency of，无效的价格上限
Price effect，价格效应
Price elasticity of demand，需求的价格弹性
　　formula for，需求的价格弹性公式
Price floors，价格下限
　　inefficiency of，无效的价格下限
Price leadership model，价格领导模型
Price maker，价格制定者
Prices，价格
　　of capital，资本价格
　　equilibrium，均衡价格
　　of products，产品价格
　　of related output，关联产品的价格
Price takers，价格接受者
Prisoners' dilemma，囚徒困境
Private goods，私人产品
　　excludable，私人产品的排他性
　　as rivals in consumption，私人产品消费的竞争性
Private marginal costs，私人边际成本
Producer durable goods，生产耐用型商品
Producer surplus (PS)，生产者剩余 (PS)
　　calculation of，生产者剩余的计算
Product curves，产出曲线
Production，产出
　　complements in，互补产出品
　　definition of，产出的定义
　　function，产出函数
　　profit maximization and，利润最大化产出
　　scale of，产出规模

substitutes in，替代产出品
Production possibilities frontier（PPF），生产可能性边界（PPF）
　　economic growth and，经济增长和生产可能性边界
　　gain from trade and，贸易收益和生产可能性边界
　　plotting，描点
Productivity，生产力
　　of inputs，投入品的生产力
Product，产品
　　marginal，边际产品
　　marginal revenue product of，边际收益产品
　　prices of，产品价格
　　total，总产出
Profit，利润
　　abnormal，超额利润
　　accounting，会计利润
　　calculation of，利润的计算
　　economic，经济利润
　　maximizing，利润最大化
　　normal，正常利润
　　total，总利润
Profit maximization，利润最大化
　　for monopolist，垄断者的利润最大化
　　production and，利润最大化产出
　　rule，利润最大化法则
Profit-maximizing condition，利润最大化条件
Public goods，公共产品
　　cost of，公共产品的成本
　　graph of，公共产品的图形阐释
　　as nonrivals in consumption，公共产品消费的非竞争性
Public radio，公共广播
Public television，公共电视

Q

Quadrants，象限
Quantity，数量
    demanded，需求量
    effect，数量效应
    equilibrium，均衡产量
    socially optimal，社会最优产量
    supplied，供给量

R

Rate of change，calculating，计算变化率
Rate of return，收益率
    expected，预期收益率
    normal，on capital，资本的正常收益率
Related output，prices of，关联产品的价格
Resources，资源
    scarce，稀缺资源
Revenue，收益
    marginal，边际收益
Ricardian model，李嘉图模型
Rival in consumption，消费的竞争性

S

Scale of production，产出规模
Scarce，resources，稀缺资源
Schedules，表格
    demand，需求表
    supply，供给表
Services，服务
Shift of a curve，曲线的移动
    demand，需求曲线的移动
Shortage，短缺

labor，劳动力短缺
　　market，市场短缺
Short run，短期
Shut-down point，停产点
Slope，斜率
　　of budget line，预算线的斜率
　　graphing，作斜率图
　　of indifference curve，无差异曲线的斜率
　　negative，负斜率
　　positive，正斜率
Socially optimal quantity，社会最优产量
Social marginal benefit，社会边际收益
Social science, economics as，经济学作为一门社会科学
Spending, investment，投资支出
Straight line，直线
Strategic behavior，策略行为
Substitute goods，替代品
Substitutes in production，替代产出品
Substituting，替代
　　effect，替代效应
　　marginal rate of，边际替代率
Supply，供给
　　definition of，供给的定义
　　demand and，需求和供给
　　individual，个人供给
　　labor，劳动供给
　　of land，土地供给
　　market，市场供给
　　quantity supplied，供给量
　　schedule，供给表
　　shift of，供给的移动
Supply curve，供给曲线
　　backward-bending，向后弯曲的供给曲线

Surplus，剩余
    consumer，消费者剩余
    elasticity and，弹性和剩余
    labor，劳动力剩余
    market，市场剩余
    producer，生产者剩余
    total，总剩余

T

Tangent，切线

Tastes and preferences，口味和偏好

Taxes，税收
    burden of，税收负担
    deadweight loss of，税收的无谓损失
    excise，消费税

Theory of comparative advantage，比较优势理论

Total cost，总成本

Total product，总产出
    curves，总产出曲线

Total profit, formula for，总利润公式

Total, revenue effect，总收益效应

Total surplus，总剩余

Total utility (TU)，总效用（TU）

Trade, gains from，贸易收益

Tradeoff，权衡
    labor-leisure，劳动—休闲权衡

Triangle, area of，三角形区域

Truncated axis，截断轴

Two-dimensional graph，二维平面图

U

Unattainable combinations，不可实现的组合

Unitary elasticity，单位弹性

Utility，效用
    analysis，效用分析
    marginal，边际效用
    maximizing，效用最大化
    total，总效用
Utility maximization，效用最大化
    demand curves and，需求曲线和效用最大化
    rule，效用最大化法则
Utils，效用单位
    interpersonal comparison of，效用的人际比较

V

Variable costs，可变成本
    average，平均可变成本
Variables，变量
    dependent，因变量
    directly related，直接相关变量
    independent，自变量
    inputs，投入
    inversely related，逆相关变量
    negatively related，负相关变量
    positively related，正相关变量
Vertical axis，纵轴

W

Wage，工资
    equilibrium，均衡工资
    foregone，放弃的工资
    market，市场工资
Wealth，财富

经济科学译丛						
序号	书名	作者	Author	单价	出版年份	ISBN
1	微观经济学思维	玛莎·L·奥尔尼	Martha L. Olney	29.80	2013	978-7-300-17280-4
2	宏观经济学思维	玛莎·L·奥尔尼	Martha L. Olney	39.80	2013	978-7-300-17279-8
3	计量经济学原理与实践	达摩达尔·N·古扎拉蒂	Damodar N. Gujarati	49.80	2013	978-7-300-18169-1
4	现代战略分析案例集	罗伯特·M·格兰特	Robert M. Grant	48.00	2013	978-7-300-16038-2
5	高级国际贸易:理论与实证	罗伯特·C·芬斯特拉	Robert C. Feenstra	59.00	2013	978-7-300-17157-9
6	经济学简史——处理沉闷科学的巧妙方法(第二版)	E·雷·坎特伯里	E. Ray Canterbery	58.00	2013	978-7-300-17571-3
7	微观经济学(第八版)	罗伯特·S·平狄克等	Robert S. Pindyck	79.00	2013	978-7-300-17133-3
8	克鲁格曼《微观经济学(第二版)》学习手册	伊丽莎白·索耶·凯利	Elizabeth Sawyer Kelly	58.00	2013	978-7-300-17002-2
9	克鲁格曼《宏观经济学(第二版)》学习手册	伊丽莎白·索耶·凯利	Elizabeth Sawyer Kelly	36.00	2013	978-7-300-17024-4
10	管理经济学(第四版)	方博亮等	Ivan Png	80.00	2013	978-7-300-17000-8
11	微观经济学原理(第五版)	巴德、帕金	Bade,Parkin	65.00	2013	978-7-300-16930-9
12	宏观经济学原理(第五版)	巴德、帕金	Bade,Parkin	63.00	2013	978-7-300-16929-3
13	环境经济学	彼得·伯克等	Peter Berck	55.00	2013	978-7-300-16538-7
14	高级微观经济理论	杰弗里·杰里	Geoffrey A. Jehle	69.00	2012	978-7-300-16613-1
15	多恩布什《宏观经济学(第十版)》学习指导	鲁迪格·多恩布什等	Rudiger Dornbusch	29.00	2012	978-7-300-16030-6
16	高级宏观经济学导论:增长与经济周期(第二版)	彼得·伯奇·索伦森等	Peter Birch Sørensen	95.00	2012	978-7-300-15871-6
17	宏观经济学:政策与实践	弗雷德里克·S·米什金	Frederic S. Mishkin	69.00	2012	978-7-300-16443-4
18	宏观经济学(第二版)	保罗·克鲁格曼	Paul Krugman	45.00	2012	978-7-300-15029-1
19	微观经济学(第二版)	保罗·克鲁格曼	Paul Krugman	69.80	2012	978-7-300-14835-9
20	微观经济学(第十一版)	埃德温·曼斯费尔德	Edwin Mansfield	88.00	2012	978-7-300-15050-5
21	《计量经济学基础》(第五版)学生习题解答手册	达摩达尔·N·古扎拉蒂等	Damodar N. Gujarati	23.00	2012	978-7-300-15091-8
22	《宏观经济学》学生指导和练习册	罗杰·T·考夫曼	Roger T. Kaufman	52.00	2012	978-7-300-15307-0
23	国际宏观经济学	罗伯特·C·芬斯特拉等	Feenstra,Taylor	64.00	2011	978-7-300-14795-6
24	《国际宏观经济学》学习指导与习题集	斯蒂芬·罗斯·耶普尔	Stephen Ross Yeaple	26.00	2011	978-7-300-14794-9
25	卫生经济学(第六版)	舍曼·富兰德等	Sherman Folland	79.00	2011	978-7-300-14645-4
26	宏观经济学(第七版)	安德鲁·B·亚伯等	Andrew B. Abel	78.00	2011	978-7-300-14223-4
27	现代劳动经济学:理论与公共政策(第十版)	罗纳德·G·伊兰伯格等	Ronald G. Ehrenberg	69.00	2011	978-7-300-14482-5
28	宏观经济学(第七版)	N·格里高利·曼昆	N. Gregory Mankiw	65.00	2011	978-7-300-14018-6
29	环境与自然资源经济学(第八版)	汤姆·蒂坦伯格等	Tom Tietenberg	69.00	2011	978-7-300-14810-0
30	宏观经济学:理论与政策(第九版)	理查德·T·弗罗恩	Richard T. Froyen	55.00	2011	978-7-300-14108-4
31	经济学原理(第四版)	威廉·博伊斯等	William Boyes	59.00	2011	978-7-300-13518-2
32	计量经济学基础(第五版)(上下册)	达摩达尔·N·古扎拉蒂	Damodar N. Gujarati	99.00	2011	978-7-300-13693-6
33	计量经济分析(第六版)(上下册)	威廉·H·格林	William H. Greene	128.00	2011	978-7-300-12779-8
34	米什金《货币金融学》(第九版)学习指导	爱德华·甘伯、戴维·哈克斯	Edward Gamber	29.00	2011	978-7-300-13542-7
35	国际经济学:理论与政策(第八版)(上册 国际贸易部分)	保罗·R·克鲁格曼等	Paul R. Krugman	36.00	2011	978-7-300-13102-3
36	国际经济学:理论与政策(第八版)(下册 国际金融部分)	保罗·R·克鲁格曼等	Paul R. Krugman	49.00	2011	978-7-300-13101-6
37	克鲁格曼《国际经济学:理论与政策》(第八版)(学习指导)	琳达·戈德堡等	Linda Goldberg	22.00	2011	978-7-300-13692-9
38	国际贸易	罗伯特·C·芬斯特拉等	Robert C. Feenstra	49.00	2011	978-7-300-13704-9
39	芬斯特拉《国际贸易》学习指导与习题集	斯蒂芬·罗斯·耶普尔	Stephen Ross Yeaple	26.00	2011	978-7-300-13879-4
40	经济增长(第二版)	戴维·N·韦尔	David N. Weil	63.00	2011	978-7-300-12778-1
41	投资科学	戴维·G·卢恩伯格	David G. Luenberger	58.00	2011	978-7-300-14747-5
42	宏观经济学(第十版)	鲁迪格·多恩布什等	Rudiger Dornbusch	60.00	2010	978-7-300-11528-3

经济科学译丛

序号	书名	作者	Author	单价	出版年份	ISBN
43	宏观经济学(第三版)	斯蒂芬·D·威廉森	Stephen D. Williamson	65.00	2010	978-7-300-11133-9
44	平狄克《微观经济学》(第七版)学习指导	乔纳森·汉密尔顿	Jonathan Hamilton	28.00	2010	978-7-300-11928-1
45	计量经济学导论(第四版)	杰弗里·M·伍德里奇	Jeffrey M. Wooldridge	95.00	2010	978-7-300-12319-6
46	货币金融学(第九版)	弗雷德里克·S·米什金等	Frederic S. Mishkin	79.00	2010	978-7-300-12926-6
47	金融学(第二版)	兹维·博迪等	Zvi Bodie	59.00	2010	978-7-300-11134-6
48	国际经济学(第三版)	W·查尔斯·索耶等	W. Charles Sawyer	58.00	2010	978-7-300-12150-5
49	博弈论	朱·弗登博格等	Drew Fudenberg	68.00	2010	978-7-300-11785-0
50	投资学精要(第七版)(上下册)	兹维·博迪等	Zvi Bodie	99.00	2010	978-7-300-12417-9
51	财政学(第八版)	哈维·S·罗森等	Harvey S. Rosen	63.00	2009	978-7-300-11092-9
52	社会问题经济学(第十八版)	安塞尔·M·夏普等	Ansel M. Sharp	45.00	2009	978-7-300-10995-4

经济科学译库

序号	书名	作者	Author	单价	出版年份	ISBN
1	克鲁格曼经济学原理(第二版)	保罗·克鲁格曼等	Paul Krugman	65.00	2013	978-7-300-17409-9
2	国际经济学(第13版)	罗比特·J·凯伯等	Robert J. Carbaugh	68.00	2013	978-7-300-16931-6
3	货币政策:目标、机构、策略和工具	彼得·博芬格	Peter Bofinger	55.00	2013	978-7-300-17166-1
4	MBA微观经济学(第二版)	理查德·B·麦肯齐等	Richard B. McKenzie	55.00	2013	978-7-300-17003-9
5	激励理论:动机和信息经济学	唐纳德·E·坎贝尔	Donald E. Campbell	69.80	2013	978-7-300-17025-1
6	微观经济学:价格理论观点(第八版)	斯蒂文·E·兰德斯博格	Steven E. Landsburg	78.00	2013	978-7-300-15885-3
7	经济数学与金融数学	迈克尔·哈里森等	Michael Harrison	65.00	2012	978-7-300-16689-6
8	策略博弈(第三版)	阿维纳什·迪克西特等	Avinash Dixit	72.00	2012	978-7-300-16033-7
9	高级宏观经济学基础	本·J·海德拉等	Ben J. Heijdra	78.00	2012	978-7-300-14836-6
10	行为经济学	尼克·威尔金森	Nick Wilkinson	58.00	2012	978-7-300-16150-1
11	金融风险管理师考试手册(第六版)	菲利普·乔瑞	Philippe Jorion	168.00	2012	978-7-300-14837-3
12	服务经济学	简·欧文·詹森	Jan Owen Jansson	42.00	2012	978-7-300-15886-0
13	统计学:在经济和管理中的应用(第八版)	杰拉德·凯勒	Gerald Keller	98.00	2012	978-7-300-16609-4
14	面板数据分析(第二版)	萧政	Cheng Hsiao	45.00	2012	978-7-300-16708-4
15	中级微观经济学:理论与应用(第10版)	沃尔特·尼科尔森等	Walter Nicholson	85.00	2012	978-7-300-16400-7
16	经济学中的数学	卡尔·P·西蒙等	Carl P. Simon	65.00	2012	978-7-300-16449-6
17	社会网络分析:方法与应用	斯坦利·沃瑟曼等	Stanley Wasserman	78.00	2012	978-7-300-15030-7
18	用Stata学计量经济学	克里斯托弗·F·鲍姆	Christopher F. Baum	65.00	2012	978-7-300-16293-5
19	美国经济史(第10版)	加里·沃尔顿等	Gary M. Walton	78.00	2011	978-7-300-14529-7
20	增长经济学	菲利普·阿格因	Philippe Aghion	58.00	2011	978-7-300-14208-1
21	经济地理学:区域和国家一体化	皮埃尔-菲利普·库姆斯等	Pierre-Philippe Combes	42.00	2011	978-7-300-13702-5
22	社会与经济网络	马修·O·杰克逊	Matthew O. Jackson	58.00	2011	978-7-300-13707-0
23	克鲁格曼经济学原理	保罗·克鲁格曼等	Paul Krugman	58.00	2011	978-7-300-12905-1
24	环境经济学	查尔斯·D·科尔斯塔德	Charles D. Kolstad	53.00	2011	978-7-300-13173-3
25	金融风险管理师考试手册(第五版)	菲利普·乔瑞	Philippe Jorion	148.00	2011	978-7-300-13172-6
26	空间经济学——城市、区域与国际贸易	保罗·克鲁格曼等	Paul Krugman	42.00	2011	978-7-300-13037-8
27	国际贸易理论:对偶和一般均衡方法	阿维纳什·迪克西特等	Avinash Dixit	45.00	2011	978-7-300-13098-9
28	契约经济学:理论和应用	埃里克·布鲁索等	Eric Brousseau	68.00	2011	978-7-300-13223-5

经济科学译库

序号	书名	作者	Author	单价	出版年份	ISBN
29	反垄断与管制经济学(第四版)	W·基普·维斯库斯等	W. Kip Viscusi	89.00	2010	978-7-300-12615-9
30	拍卖理论	维佳·克里斯纳等	Vijay Krishna	42.00	2010	978-7-300-12664-7
31	计量经济学指南(第五版)	皮特·肯尼迪	Peter Kennedy	65.00	2010	978-7-300-12333-2
32	管理者宏观经济学	迈克尔·K·伊万斯等	Michael K. Evans	68.00	2010	978-7-300-12262-5
33	英国历史经济学：1870—1926——经济史学科的兴起与新重商主义	杰拉德·M·库特等	Gerard M. Koot	42.00	2010	978-7-300-11926-7
34	利息与价格——货币政策理论基础	迈克尔·伍德福德	Michael Woodford	68.00	2010	978-7-300-11661-7
35	理解资本主义：竞争、统制与变革(第三版)	塞缪尔·鲍尔斯等	Samuel Bowles	66.00	2010	978-7-300-11596-2
36	递归宏观经济理论(第二版)	萨金特等	Thomas J. Sargent	79.00	2010	978-7-300-11595-5
37	数理经济学(第二版)	高山晟	Akira Takayama	69.00	2009	978-7-300-10860-5
38	时间序列分析——单变量和多变量方法(第二版)	魏武雄	William W. S. Wei	65.00	2009	978-7-300-10313-6
39	经济理论的回顾(第五版)	马克·布劳格	Mark Blang	78.00	2009	978-7-300-10173-6
40	税收筹划原理——经营和投资规划的税收原则(第十一版)	萨莉·M·琼斯等	Sally M. Jones	49.90	2008	978-7-300-09333-8
41	剑桥美国经济史(第一卷)：殖民地时期	斯坦利·L·恩格尔曼等	Stanley L. Engerman	48.00	2008	978-7-300-08254-7
42	剑桥美国经济史(第二卷)：漫长的19世纪	斯坦利·L·恩格尔曼等	Stanley L. Engerman	88.00	2008	978-7-300-09394-9
43	剑桥美国经济史(第三卷)：20世纪	斯坦利·L·恩格尔曼等	Stanley L. Engerman	98.00	2008	978-7-300-09395-6
44	管理者经济学	保罗·G·法尔汉	Paul G. Farnham	68.00	2007	978-7-300-08768-9
45	组织的经济学与管理学：协调、激励与策略	乔治·亨德里克斯	George Hendrikse	58.00	2007	978-7-300-08113-7
46	横截面与面板数据的经济计量分析	J. M. 伍德里奇	Jeffrey M. Wooldridge	68.00	2007	978-7-300-08090-1
47	微观经济学：行为,制度和演化	萨缪·鲍尔斯	Saumuel Bowles	58.00	2007	7-300-07170-8

金融学译丛

序号	书名	作者	Author	单价	出版年份	ISBN
1	并购创造价值(第二版)	萨德·苏达斯纳	Sudi Sudarsanam	89.00	2013	978-7-300-17473-0
2	个人理财——理财技能培养方法(第三版)	杰克·R·卡普尔等	Jack R. Kapoor	66.00	2013	978-7-300-16687-2
3	国际财务管理	吉尔特·贝克特	Geert Bekaert	95.00	2012	978-7-300-16031-3
4	金融理论与公司政策(第四版)	托马斯·科普兰等	Thomas Copeland	69.00	2012	978-7-300-15822-8
5	应用公司财务(第三版)	阿斯沃思·达摩达兰	Aswath Damodaran	88.00	2012	978-7-300-16034-4
6	资本市场：机构与工具(第四版)	弗兰克·J·法博齐	Frank J. Fabozzi	85.00	2011	978-7-300-13828-2
7	衍生品市场(第二版)	罗伯特·L·麦克唐纳	Robert L. McDonald	98.00	2011	978-7-300-13130-6
8	债券市场：分析与策略(第七版)	弗兰克·J·法博齐	Frank J. Fabozzi	89.00	2011	978-7-300-13081-1
9	跨国金融原理(第三版)	迈克尔·H·莫菲特等	Michael H. Moffett	78.00	2011	978-7-300-12781-1
10	风险管理与保险原理(第十版)	乔治·E·瑞达	George E. Rejda	95.00	2010	978-7-300-12739-2
11	兼并、收购和公司重组(第四版)	帕特里克·A·高根	Patrick A. Gaughan	69.00	2010	978-7-300-12465-0
12	个人理财(第四版)	阿瑟·J·基翁	Athur J. Keown	79.00	2010	978-7-300-11787-4
13	统计与金融	戴维·鲁珀特	David Ruppert	48.00	2010	978-7-300-11547-4
14	国际投资(第六版)	布鲁诺·索尔尼克等	Bruno Solnik	62.00	2010	978-7-300-11289-3
15	财务报表分析(第三版)	马丁·弗里德森	Martin Fridson	35.00	2010	978-7-300-11290-9

Microeconomics as a Second Language by Martha L. Olney
ISBN：D/0-470-43373-6

Copyright © 2009 John Wiley & Sons, Inc.
All Rights Reserved.

AUTHORIZED TRANSLATION OF THE EDITION PUBLISHED BY JOHN WILEY & SONS, New York, Chichester, Brisbane, Singapore AND Toronto.
No part of this book may be reproduced in any form without the written permission of John Wiley & Sons Inc.

Copies of this book sold without a Wiley sticker on the cover are unauthorized and illegal.

Simplified Chinese version © 2013 by China Renmin University Press.

图书在版编目（CIP）数据

微观经济学思维/（美）奥尔尼著；陈宇峰，姜井勇译. —北京：中国人民大学出版社，2013.5
（经济科学译丛）
ISBN 978-7-300-17280-4

Ⅰ.①微… Ⅱ.①奥…②陈…③姜… Ⅲ.①微观经济学 Ⅳ.①F016

中国版本图书馆 CIP 数据核字（2013）第 061065 号

"十一五"国家重点图书出版规划项目
经济科学译丛
微观经济学思维
玛莎·L·奥尔尼　著
陈宇峰　姜井勇　译
Weiguan Jingjixue Siwei

出版发行	中国人民大学出版社			
社　　址	北京中关村大街 31 号	邮政编码	100080	
电　　话	010－62511242（总编室）	010－62511398（质管部）		
	010－82501766（邮购部）	010－62514148（门市部）		
	010－62515195（发行公司）	010－62515275（盗版举报）		
网　　址	http://www.crup.com.cn			
	http://www.ttrnet.com（人大教研网）			
经　　销	新华书店			
印　　刷	涿州市星河印刷有限公司			
规　　格	185 mm×260 mm　16 开本	版　次	2013 年 11 月第 1 版	
印　　张	12.25 插页 3	印　次	2013 年 11 月第 1 次印刷	
字　　数	201 000	定　价	29.80 元	

版权所有　　侵权必究　　印装差错　　负责调换

WILEY
Publishers Since 1807

John Wiley 教学支持信息反馈表
www.wiley.com

老师您好,若您需要与 John Wiley 教材配套的教辅(免费),烦请填写本表并传真给我们。也可联络 John Wiley 北京代表处索取本表的电子文件,填好后 e-mail 给我们。

原书信息

原版 ISBN:
英文书名(Title):
版次(Edition):
作者(Author):

配套教辅可能包含下列一项或多项

教师用书(或指导手册)	习题解答	习题库	PPT 讲义	学生指导手册(非免费)	其他

教师信息

学校名称:
院/系名称:
课程名称(Course Name):
年级/程度(Year/Level):□大专　□本科 Grade:1 2 3 4　□硕士　□博士　□MBA　□EMBA
课程性质(多选项):□必修课　□选修课　□国外合作办学项目　□指定的双语课程
学年(学期):□春季　□秋季　□整学年使用　□其他(起止月份_____)
使用的教材版本:□中文版　□英文影印(改编)版　□进口英文原版(购买价格为___元)
学生:_____个班共_____人

授课教师姓名:
电话:
传真:
E-mail:
联系地址:
邮编:

WILEY-约翰威立商务服务(北京)有限公司

John Wiley & Sons Commercial Service (Beijing) Co Ltd

北京市朝阳区太阳宫中路 12A 号,太阳宫大厦 8 层 805-808 室,邮政编码 100028

Direct ＋86 10 8418 7815　　Fax ＋86 10 8418 7810

Email:iwang@wiley.com